Joseph Schreiner

Homers Odyssee - ein mysteriöses Epos

Elementarskizzen der drei wichtigsten Örtlichkeiten

Joseph Schreiner

Homers Odyssee - ein mysteriöses Epos

Elementarskizzen der drei wichtigsten Örtlichkeiten

ISBN/EAN: 9783845744049

Erscheinungsjahr: 2012

Erscheinungsort: Bremen, Deutschland

www.unikum-verlag.de | office@unikum-verlag.de

Bei diesem Titel handelt es sich um den Nachdruck eines historischen, lange vergriffenen Buches. Da elektronische Druckvorlagen für diese Titel nicht existieren, musste auf alte Vorlagen zurückgegriffen werden. Hieraus zwangsläufig resultierende Qualitätsverluste bitten wir zu entschuldigen.

Joseph Schreiner

Homers Odyssee - ein mysteriöses Epos

Elementarskizzen der drei wichtigsten Örtlichkeiten

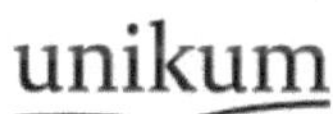

Homers Odyssee

— ein mysteriöses Epos.

Elementar-Skizzen

der drei wichtigsten Örtlichkeiten

Ὠγυγίη, Σχερίη, Ἰθάκη.

auf

historisch-geographischer Basis

entworfen

von

Joseph Schreiner.

Braunschweig und Leipzig.
Verlag von Richard Sattler.
1901.

Inhalts-Verzeichnis.

Seite

Einleitung.

1. Troja 1
2. Odysseus 5
3. Das mysteriöse Epos 8

I. Die Nymphe Kalypso auf Ogygia.

1. Die bergende Frau 13
2. Der Nabel des Meeres 14
3. Grotte und Umgebung 16
4. Die einsame Nymphe 19
5. Der feierliche Eid 22
6. Das Blockschiff 24
7. Zusammenstellung der Lichtpunkte 25

II. König Alkinoos auf Scheria.

1. Stadt und Hafen 30
2. König Alkinoos 35
3. Das Volk der Phäaken 38
4. Das gesegnete Land 40
5. Die Absonderung des Volkes 42
6. Die Nähe der Götter 43
7. Die Gottheiten der Phäaken 45
8. Das wunderbare Geleitschiff 46
9. Der National-Charakter 49
10. Die Schilderung des königlichen Palastes 52
11. Die Schilderung der königlichen Gärten 56
12. Name der Braut 62

Seite

13. Die zwölf Stammfürsten 63
14. Zusammenstellung der zahlreichen Lichtpunkte . . 65

III. Des göttlichen Dulders Heimkehr nach Ithaka.

1. Die Phorkys-Bucht 69
2. Die Nymphen-Grotte 74
3. Das Landgut 78
4. Der Felsenbrunnen 81
5. Die Stadt Ithaka 91
6. Die Umgebung Ithaka's 95
7. Die Ermordung der Freier 96
8. Der treue Argos 98
9. Zusammenstellung der Lichtpunkte 101
10. Abschluss 102

Einleitung.

1. Troja.

Oftmals habe ich mich verwundert gefragt, welche Gründe und Verhältnisse den Menschengeist Jahrhunderte hindurch davon zurückgehalten, die Überlieferungen über den trojanischen Krieg, dessen ganze Entwicklung das Gepräge des Mythus zur Schau trägt, auf Grund ihrer Naivetät rückhaltlos dem Reiche der Dichtung zu überweisen.

Ausgesprochene Naivetät tritt zu Tage — erstens, wenn die mächtigen Hellenen, welchen 1186 Kiele zur Verfügung stehen, zehn lange Jahre vom Heimatlande abgeschnitten bleiben, so dass die mangelnden Lebensmittel, welche in zwei Tagen von Geraistos (Euboea) nach Tenedos (Troja) sich schaffen liessen (Odyss. 3, 159), durch Ackerbau auf dem Chersonese gewonnen werden. (Thuk. 1, 11.)

Ausgesprochene Naivetät tritt zu Tage — zweitens, wenn hunderttausend Achäer zehn lange Jahre meist thatenlos vor dem armseligen Troja liegen, geneckt und gehemmt von überirdischen Dichtergestalten, eine Naivetät, welche durch die spätere Einmischung feindlicher Bundesgenossen aus den entlegensten Landen nicht gemildert, sondern verschärft worden.

Ausgesprochene Naivetät tritt zu Tage — drittens in der plumpen Erfindung des hölzernen Rosses, der Hellenenmacht zu Schimpf und Schande. Der lächerliche Bau konnte erst Einlass finden, nachdem die Mauern neben den Thoren eingerissen waren, und dennoch geht die Beförderung den holperigen, schmalen Burgsteig empor glatt von statten.

Ausgesprochene Naivetät tritt zu Tage — viertens, wenn heimkehrende Helden aus dem heimischen Meere verschlagen werden, trotzdem die vorgelagerten Cycladen und Sporaden und insbesondere die langgestreckte Insel Kreta ein Entrinnen geradezu unmöglich machen.

Ausgesprochene Naivetät tritt zu Tage — fünftens, wenn die Feindesflucht jene Richtung eingeschlagen, aus welcher die Vernichtung gekommen. Wie konnten die Reste des überwältigten Volkes weithin nach Westen zu Lande und zu Wasser vorgedrungen sein, wenn der Sieger aus dem Westen vorgerückt nach Osten?

Ausgesprochene Naivetät tritt schliesslich sechstens zu Tage, wenn die Hellenen nach dem Falle der Stadt keinen Anspruch erheben auf den Besitz der weiten Gefilde, welche sie in langen Jahren mit ihrem Blute getränkt, wenn also ein Unternehmen, welches zum bedeutungsvollen Ausgangspunkt althellenischer Zeitrechnung geworden, keine positive Errungenschaft aufzuweisen vermag.

In Anbetracht solcher Ungereimtheiten rechtfertigt sich der Gedanke an ein Quidproquo der Überlieferung und eine Translokation des Interesses um so mehr, als die damalige Zeitgeschichte ein denkwürdiges Datum aufzuweisen hat, welchem der Dichter seinen Stoff entnehmen konnte.

Setzen wir nämlich nach Eratosthenes den Zug der

Achäer gegen Troja auf das Jahr 1194 an, und bestimmen wir nach Hommel, „Gesch. d. a. Morgenl.“, das Jahr 1230 als Ausgangspunkt für die Eroberung des Westjordanlandes durch das Volk Israel, so stehen sich zwei hochwichtige Überlieferungen der Vorzeit, welche sich wie Dichtung und Wahrheit zu einander verhalten, um die geringfügige Differenz von 36 Jahren gegenüber: der Sturz von Jericho und der Fall von Pergamum.

An den Sturz von Jericho und die Eroberung des Landes Kenăghan knüpft sich folgerichtig jene Völkerflucht nach dem weiten Westen, welche aus dem Falle von Ilium nimmermehr erfolgen konnte. Die ältesten Wanderungen aus Kenăghan nach dem Nordwesten Afrika's geschahen zur Zeit Josua's, und noch in später Zeit fand sich ein Denkmal an jener Küste, dessen Inschrift der Nachwelt es geklagt, dass die Flüchtlinge vor dem Räuber Josua aus Kenăghan dahin gezogen (Prokop. bell. vand. 2, 10). Sollte nicht gleichfalls die dorische Wanderung und die Verschiebung griechischer Stämme, welche im nächsten Jahrhundert vor sich gegangen, mit jener Völkerflucht nach dem Westen in kausalem Zusammenhange stehen?

Die Existenz von Alt-Ilion und seine wiederholte Zerstörung kann freilich nicht mehr in Zweifel gezogen werden. Unmittelbar vor der Pforte Europa's gelegen, musste die Ebene von Troja zum Schauplatze kriegerischer Ereignisse werden, und gerade die Ausgrabungen Schliemann's scheinen es zu bestätigen, dass Ilion eine exponierte Stellung eingenommen: acht Städte übereinander, also wahrscheinlich acht Zerstörungen und Einäscherungen Troja's. Die sechste Stadt wird der mykenischen Kulturzeit zugewiesen und für jenes Troja gehalten, welches Agamemnon zerstört hat.

Warum soll gerade diese Zerstörung einen Markstein der Vorgeschichte gebildet haben, während doch die zweite Stadt mächtiger gewesen und zudem — den Schatz des Priamus enthielt?

Der Vorstoss der Israeliten nach Kenăghan musste ein Völkergeschiebe nach dem Westen in seinem Gefolge haben und eine endlose Reihe solcher kriegerischen Ereignisse zeitigen, welche die trojanische Ebene wiederholt betroffen haben.

Psychologisch aber lässt es sich leicht erklären, wenn die Hellenen ihrerseits die Fortsetzung der Völkerverschiebung auf europäischem Boden an den Fall Troja's knüpften, um diese Stadt schliesslich mit dem Ausgangspunkt der Gesamt-Verschiebung zu identificieren.

Also israelitische Kunde in Hellas! Ja, wann werden wir endlich mit jener Engherzigkeit brechen, welche der syrischen Küste ihren Einfluss auf die Völker des Westens missgönnt, wann jene heillose Scheidewand endlich einmal einreissen, welche blinde Vorurteile zwischen Hellas und Palästina errichtet und je länger je mehr verdichtet haben?

Die mykenische Kultur, welche man so gerne auf eigene Füsse stellen und selbst lieber zur centraleuropäischen Hallstadtperiode rechnen möchte, bezeugt in all ihren Gebilden den orientalischen Ursprung zur Genüge. Auf dem bekannten Bronzepanzer aus Olympia, dessen Rückenstück Apollon mit den Musen darstellt, findet sich keine Linie, welche nicht den syrischen Stil verrät.

Facit: Hypothese eins: Troja gleich Jericho.

2. Odysseus.

Wie wenig Mühe hat es verhältnismässig der Geschichtsforschung bereitet, die ganze Periode römischer Königsherrschaft dem Gebiete der Sage zu überweisen! König Numa, dessen Palast (Regia) das Centrum altrömischen Kultes repräsentierte, dessen Sarg im Jahre 181 v. Chr. ausgegraben worden, dessen religiöse Einrichtungen Republik und Kaiserreich überdauerten, hat nie existiert, sondern gilt mit Recht als rein mythische Persönlichkeit.

Nicht besser sollte es dem Begründer des athenischen Staatswesens ergehen. Theseus, König von Attika, welcher die Landgemeinden um sich geschart (Panathenaia) und das Gebiet von Megara gewonnen (Isthmia), dessen Gebeine auf Befehl des delphischen Orakels Kimon 468 von Skyros nach Athen gebracht (Theseion), dessen Schatten in voller Waffenrüstung die Athener bei Marathon angefeuert, (Plut. 35), hat nie existiert, sondern gilt mit Recht als rein mythische Persönlichkeit.

Und wir sollen nicht befugt sein, über den Kleinkönig der Kephallenen, welcher nicht die Spur einer socialen Thätigkeit der Nachwelt hinterlassen, das gleiche Urteil zu fällen?

Schreiten wir daher bedingungsweise weiter mit der Behauptung: Wenn der trojanische Krieg des Dichters den historischen Sturz Jericho's zur Grundlage hat, so bietet sich die poetische Gestalt des Odysseus von selbst als das Schattenbild des historischen Jehoshûagh dar.

Vergebens fragen wir nach der nationalen Bedeutung und Stellung des Ithakesiers vor und nach dem Kriege.

Wir haben nicht einmal Kunde, wo sein Reich gelegen. Die homerischen Angaben über die Örtlichkeiten Ithaka's widersprechen sich gegenseitig und lassen sich mit den heutigen Verhältnissen des Eilandes nicht in Einklang bringen, so dass wir getrost behaupten können, Ithake aus Homer und Theaki von heute sind nimmermehr identisch. Wo hat je ein Leser Homer's die Worte Athenens ernst genommen: „Die Insel Ithake ist keineswegs namenlos: Kunde von ihr haben gar zahlreiche Völker, alle welche gen Aufgang der Sonne gelegen, und alle hinwiederum im nebelgrauen Westen“ (13, 240). Hier liegt demnach — so schliessen wir — entweder ein ganz eitles Gerede der Göttin und des Dichters vor, oder — Ithake und Odysseus sind anderwärts zu suchen.

Bei Freund und Feind als beredter Vermittler bekannt, im Ringkampf den Besten gewachsen, im Laufe unübertroffen, tapfer im Kampfe um die Leiche des Patroklus, preisgekrönt beim Leichenspiele, verwegen beim Raube des Palladium, listenreich und kühn beim Bau und Verschluss des hölzernen Rosses, ungestüm beim Sturme der Stadt, vereinigt Odysseus freilich Vorzüge genug in seiner Person, um in der Dichtung auf den Schild erhoben zu werden.

Indes bei aller Kraft und List scheint dem Führer der unbekannten Kephallenen doch jene sociale und nationale Bedeutung und Stellung vor und nach dem Kriege zu fehlen, welche nun einmal notwendig mit dazu gehört, um den Ruhm seines Namens nach allen Landen zu tragen, wie solches in der Dichtung behauptet wird.

Der mythische Odysseus blickte auf keine Ruhmesthat zurück, da er gen Troja zog, so dass es dem Dichter versagt geblieben, seinen Helden mit jenem Nimbus einer hervorragenden socialen Stellung zu umgeben, welcher das Haupt des historischen Jehoshüagh umstrahlte, da er die Stadt Jericho zerstörte. Die langjährige Wüstenfahrt nämlich repräsentiert das riesige Plus an Energie und Thatkraft, welches das historische Prototyp vor seinem mythischen Nachbilde voraus hatte, ein Minus für den Helden der Sage, welches der Dichter augenscheinlich durch die unmotivierte, endlose Irrfahrt nach dem Sturze Ilion's auszugleichen suchte, eine Ausgleichung freilich zu Ungunsten des göttlichen Dulders. Denn die Gottesfurcht und Ergebung, mit welcher Odysseus all die Not und Pein ertragen, bildet kein hinreichendes Gegengewicht gegen die schwere Einbusse an zielbewusster Selbstherrlichkeit. Er, dessen Rat vor Troja nimmer versagte, der niemals erfolglos in des Geschickes Speichen eingegriffen, sieht sich lange Jahre durch die Welt verschlagen, ohne ein Ende des Elendes und Jammers abzusehen.

List und Klugheit, bethätigt auf dem Plane Ilion's und auf weiter Weltenfahrt, kennzeichnen den Charakter unseres Odysseus in erster Linie. Dieselbe List und Klugheit nämlich hatte sein historisches Vorbild Jehoshüagh bethätigt, indem er einerseits die Wälle der Palmenstadt nicht durch Waffengewalt bezwungen, sondern gleichsam durch ein ideales Kunstmittel überrumpelt, anderseits die Stadt Ghai durch jene **List des Hinterhaltes und der Scheinflucht** gewonnen hat, welche gerade für die Dichtung vorbildlich geworden (Tenedos). Übrigens mag es wohl kaum zu bestreiten sein, dass der Dichter seine Odyssee durch den unerschöpflichen Listenreichtum des Helden übersättigt hat — nicht zu ihrem Vorteile. In hohem Grade wohlthuend dagegen mag es uns anmuten, dass Odysseus allüberall die Tugend der Ergebung und Gottesfurcht zur Schau trägt, da er das poetische Abbild jener Persönlichkeit repräsentiert, deren Führung das Volk Gottes *κατ' ἐξοχήν* anvertraut gewesen.

Facit: Hypothese zwei: Odysseus gleich Jehoshüagh.

3. Das mysteriöse Epos.

Schreiten wir wiederum bedingungsweise weiter mit der Behauptung: Wenn die Dichtergestalt Odysseus auf den historischen Jehoshüagh zurückzuführen ist, so müssen seine Erlebnisse samt und sonders mit der Geschichte des israelitischen Volkes zusammenhängen. Ich gehe nämlich von dem Grundsatze aus, dass keine wesentliche Angabe des Dichters für ein reines Phantasiegebilde zu halten ist, sondern dass selbst für die geringfügigsten Episoden irgendwelche historische Überlieferung und Kunde vorausgesetzt werden muss. Denn alle diejenigen, welche sich nicht scheuen, unseren grossen Dichter an vielen Stellen einfach zum Seeräuberphoeniken zu stempeln, haben keine Ahnung von dem Reichtum historischer Schätze, welche aus den Tiefen des geheimnisvollen Epos zu heben sind.

Ganz besonders aber bietet sich nunmehr für die homerischen Örtlichkeiten, für welche bis zur Stunde eine befriedigende Erklärung gerade deshalb nicht gefunden worden, weil man sich in herkömmlicher Weise immer nur nach dem Westen wandte, ganz von selbst das engbegrenzte Gebiet zwischen dem Flusse Ägyptens und dem grossen Flusse Euphrat dar. (1. Mos. 15, 18.) Merkwürdigerweise erstreckt sich nach dem Wortlaute des

Textes die achtjährige Irrfahrt des Menelaos annähernd auf das gleiche Gebiet: Kypros, Sidonien, Aramäa (*'Ερεμβοί*), Phoenike, Äthiopien, Ägypten und Libyen. (Od. 4, 82.)

Eine solche Gedankenreihe hat in mir die Idee wachgerufen, die Odyssee Homers weder vom rein historischen, noch vom rein allegorischen Standpunkte aus zu erklären, sondern **das Epos als mysteriöse und kryptologische Dichtung aufzufassen.**

Auf Grund eines umfangreichen Materiales unverdrossenster Gegenüberstellungen aus den Texten Homer's und der hl. Schrift stelle ich nämlich die Behauptung auf, **dass die glorreiche Geschichte des Volkes Israel vom Dichter Homer mit genialem Überblick und bewunderungswürdigem Aufbau unter dem undurchdringlichen Schleier einer geheimnisvollen Sprache zur meisterhaften Darstellung gebracht und dem Andenken aller Zeiten überliefert worden.**

Homer als Asiate musste die Heldengeschichte des Volkes Israel kennen; denn die Kauffahrteischiffe aus Tyrus und Sidon waren im ganzen Archipel zu Hause. Anderseits finden wir bereits im 14. Jahrhundert kleinasiatische Jonier (Javan) als Söldner auf syrischem Boden und bald nachher Achäer (Akaivash) als Piraten am Nildelta (Hommel, Gesch. d. a. Morg. 86, 89).

Homer als Dichter aber können wir nicht genugsam bewundern, wenn wir bedenken, dass er einerseits sich begeisterte für die Heldengeschichte eines fremden Volkes, anderseits es verstanden, ihre Darstellung den heimatlichen Verhältnissen anzupassen. Die auftretenden Persönlichkeiten führen einheimische Namen, und die entlegenen Örtlichkeiten wahren sich das Gepräge des Inselmeeres. Sobald der Dichter irgendwelche Stätte des Binnenlandes zur Meeresinsel gestaltet, hat er eine geographische Täuschung vollzogen und zugleich poetischem Interesse und nationalen Anschauungen Rechnung getragen. Und wirklich hat Homer gerade diesen Kunstgriff mit Vorliebe angewendet, um über alle seine Örtlichkeiten jenen geheimnisvollen Schleier auszubreiten, welcher bis zur Stunde nicht gehoben worden.

Facit: Hypothese drei: Die Odyssee — ein mysteriöses Epos.

Inwieweit nunmehr meinen Aufstellungen Anerkennung zu teil werden kann, mag die gegenwärtige Abhandlung entscheiden, welche ich als Prüfstein der dreifachen Hypothese hiermit der Öffentlichkeit übergebe.

Das Gefühl völliger Vereinsamung lastet freilich hemmend und beklemmend auf meiner exotischen Muse, indes will ich nur das **eine** Ziel im Auge behalten, **der Wahrheit eine Gasse zu bahnen.**

Ἔσσεται ἦμαρ, ὅτ' ἂν ποτ' ὀλώλῃ φάσματ' ὀνείρων.

Venloo, November 1900. **J. Schreiner.**

I.

Die Nymphe Kalypso auf Ogygia.

1. Die bergende Frau.

Psychologisch versteht es sich leicht genug, dass bei Vorkommnissen selbst von hervorragendster Bedeutung gerade jene abenteuerlichen Einzelzüge, bei welchen irgend ein Einsatz auf dem Spiele steht, in der Seele des Volkes am tiefsten haften bleiben. Demnach musste aus der Überlieferung über die Einnahme Jericho's die drollige Episode, welche über die Wirtin Rachab handelt, am weitesten gedrungen sein. Wenn nämlich die listenreiche Frau in dem Augenblicke, da sie die fremden Kundschafter auf dem Dache unter Flachs-Stengeln verborgen, den dienstfertigen Boten des Königs den ernsthaften Bescheid erteilt: „Da es finster ward, schritten sie durch das Thor; aber jaget ihnen eiligst nach, so werdet Ihr sie einholen“ (Jos. 2, 5), so mochte eine unbeteiligte Mitwelt weder Mitgefühl hegen für die geprellten Reiter, noch sich stossen an der krassen Notlüge, sondern sich freuen über den Wagemut der entschlossenen Wirtin.

Weiterhin musste die Verständigkeit, mit welcher Rachab für den eigenen Dienst den künftigen Gegendienst der Barmherzigkeit und Treue sich eidlich zusichern lässt, das Interesse für ihre Persönlichkeit wesentlich erhöhen.

Wenn schliesslich die Kundschafter am roten Seile durch das Fenster an der Mauer niedergleiten und auf den Rat ihrer Beschützerin in den räumigen Grotten des nahen Quarantaniaberges drei Tage lang sich verbergen, bis nämlich die enttäuschten Verfolger zur Stadt zurückgekehrt (Jos. 2, 23), so musste hierdurch hinwiederum das Interesse des Volkes für ein abenteuerliches Erlebnis in hohem Grade wachgerufen werden.

Stellen wir nunmehr aus der angeführten Gedankenreihe die Begriffe der bergenden Frau (Kalypso) und der räumigen Grotten in den Vordergrund, berücksichtigen wir anderseits die Mitteilung der Sage, nach welcher die Nymphe Kalypso zwei Söhne hinterlassen, Nausithoos und Nausinoos, also den rüstigen und den listigen Wüstenfahrer (Chalêb und Jehoshûagh), so liegt die Vermutung nahe genug, dass die begeisterte Überlieferung erst die beiden Kundschafter Israels mit den Führern des Volkes identificierte, hernach auf die untergeordnete Persönlichkeit des Rüstigen Verzicht geleistet zu Gunsten des Listigen, schliesslich aber unter gänzlicher Verschiebung der Sachlage die Episode in gewohnter Weise auf das Gebiet Amor's hinübergespielt hat.

Mit Nachdruck hebe ich es hervor, dass die Bezeichnung Kalypso (die bergende Frau), welche für die biblische Rachab volle Geltung beansprucht, für die Nymphe des Dichters schlecht genug zu passen scheint, ein sprechender Beweis für meine Behauptung, dass durch die Überlieferung die Sachlage wesentlich verschoben worden.

Sonach haben sich mir ausreichende Motive dargeboten, den homerischen Bericht über die Nymphe Kalypso mit der biblischen Ueberlieferung über die Wirtin Rachab, ganz besonders aber die Schilderung der Örtlichkeiten auf Ogygia mit den geographischen Angaben über Alt-Jericho in eingehendster Weise zu vergleichen.

2. Der Nabel des Meeres.

Das baumreiche Gelände, auf welchem die Nymphe Wohnung genommen, ist unweit der Stelle gelegen, woselbst gerade der Nabel des Meeres ist. (Od. 1, 50.)

Was wollen die rätselhaften Worte besagen? Einen Mittelpunkt des äusseren Meeres fern von jedem Festlande kann es nach Homer nicht geben, da zur Zeit des Dichters die Erde als Scheibe gedacht wurde, vom tiefen und mächtigen Flusse Okeanos umschlossen, welcher durch Strassen, Strömungen und grosse Flüsse hinwiederum mit dem inneren Meere in Verbindung steht.

Für die wesentlichste Eigenschaft des Nabels halte ich nicht die umgebende Erhöhung, sondern die mittlere Einsenkung und Vertiefung, wie denn die Hellenen den Schlund zu Delphi im Thalgrunde des Parnassos, und die Römer die tiefste Stelle ihres Forum gegenüber dem Tempel Saturn's als Erd-Nabel bezeichnet haben. Im Canticum Salomonis (7, 2) wird der Nabel crater tornatilis genannt, im Buch Job (40, 11) und in den Sprüchen (3, 8) mit dem Fundament des Körpers verglichen.

Zwei gute Stunden von Jericho entfernt, beginnt der Nordsaum des toten Meeres, dessen Spiegel 400 Meter unter dem Mittelländischen Meere gelegen ist. Der Umstand nunmehr, dass die ganzen Fluten des Jordan und zahlreiche Rinnsale von allen Seiten in das Meer der Wüste sich ergiessen, welches doch selbst keine sichtbare Ableitung hat, mochte frühzeitig die irrige Meinung hervorgerufen haben, dass nach irgend einer Seite hin ein unterirdischer Abfluss zu den Wogen des Weltmeeres stattfindet, eine Voraussetzung, welche die Bezeichnung „Nabel des Meeres“ rechtfertigen kann. Richtiger freilich wäre der Ausdruck „Nabel der Erde“, deren tiefste Depression das Salzmeer repräsentiert.

Bei solcher Auffassung der homerischen Angabe stehen wir nicht mehr einer vagen Beigabe des Textes, sondern einer positiven geographischen Bestimmung des Dichters gegenüber.

Wenn Homer seine Nymphe auf meerumrauschtem Eilande (1, 50) wohnen lässt, so brauchen wir nicht daran zu denken, dass Jericho's Gefilde eine Oase und Wüsten-Insel bilden, vielmehr mögen wir in dieser Angabe die Anwendung jenes ebenso schlichten wie sicher täuschenden poetischen Kunstgriffes erkennen, welcher ein bekanntes Binnengelände von vornherein mit undurchdringlichem Schleier umgiebt.

3. Grotte und Umgebung.

Als Wohnung werden der Nymphe räumige Grotten zugewiesen (1, 15). Es lag aber die ehemalige Palmenstadt, wie die alten Mauerreste es bekunden, eine gute halbe Stunde westlicher als das heutige Richa, also weit näher an jenem Quarantania-Berge (heute Djebel Karantal), welcher ungemein steil und zerklüftet zur Ebene von Jericho abfällt und in seinen Felswänden zahlreiche natürliche Höhlen aufweist, darunter die Grotten des Herrn und des Propheten Elias.

Geradezu auffallend muss es aber genannt werden, dass aus dem ganzen Trümmerfelde des alten Mauerwerkes bis zur Stunde allein der Platz des Hauses der Rachab, und zwar zwischen der Sultansquelle und den Zucker-Mühlen des Mittelalters gelegen, sich im Andenken der Überlieferung erhalten hat. Demnach hat der Dichter dadurch, dass er seine Nymphe in gewaltiger Grotte (5, 57) wohnen lässt, eine zuverlässige geographische Kenntnis sich poetisch dienstbar gemacht.

„Quellen aber der Reihe nach strömen vier von krystallklarem Wasser, ganz nahe bei einander, doch wenden sie sich nach verschiedenen Richtungen" (5, 70).

Zu Füssen des steil abfallenden Quarantania-Berges fliessen auf einer Strecke von kaum 30 Minuten zwei herrliche Gebirgsquellen und zwei Bäche. Aus Norden herab steigen die Wasser der reichen Quelle Dok in der Weise, dass das eine Rinnsal den Fuss des Berges bespült, das andere direkt dem Jordan zuströmt. Unmittelbar südlich vereinigt sich der Bach Theisun mit der schönsten Gebirgsquelle Palästina's, dem Elisaeus-Brunnen, welchen die Araber Quelle des Sultans nennen. Weiter unten aber nehmen sie beide den Wadi Kelt auf (Bach Kerîth). Von diesen vier Rinnsalen wenden sich Theisun und Kelt nach Osten, Dok und Sultan mehr nach Süden (*τετραμμέναι ἄλλυδις ἄλλη*).

Augenscheinlich war der Ruhm jener Quelle, deren Wasser der Prophet gesund gemacht (4. Kön. 2, 21) über die Marken des eigenen Landes hinausgedrungen, gleichwie das Lob des Jakobs-Brunnens bei Sichem und der Preis der Salomons-Quelle bei Tyrus.

Für die Namhaftigkeit unserer Sultans-Quelle spricht zugleich die Thatsache, dass eine uralte Wasserleitung, welche den Wadi Kelt kreuzte und nach Südwesten geführt wurde, eine Leitung, welche bedeutende Reste von elf hochgespannten Spitzbogen hinterlassen, gerade aus ihr gespeist worden.

Die parkartige Umgebung der Nymphengrotte preist der Dichter als unübertroffen. „Hermês wird von Staunen erfasst beim überraschenden Anblick und labt sich in seinem Herzen, lange stehen bleibend; erst nachdem er alles und jedes bewundert, schritt er zur räumigen Grotte.“ (5, 73). Herrliche Düfte wehen weithin über das Eiland, ringsum blühen weiche Matten von Veilchen, und vom Herdfeuer verbreitet sich der Wohlgeruch der rindenbrüchigen Ceder und der cypressenartigen Thuja.

Gedenken wir der wohlduftenden Balsamgärten von Jericho, welche Alexander der Grosse, Pompejus und die beiden Flavier noch bewundert hatten. Nach einer alten Sage hatte die Königin von Saba die ersten Wurzelschösslinge der Balsamstaude nach Palästina gebracht (Jos. ant. 8, 6, 6), so dass wir bei Homer wohl die Kunde von der Existenz, nicht aber eine nähere Kenntnis dieser herrlichen Gartenpflanze voraussetzen können.

Bedenklicher mag es erscheinen, dass um die Grotte

der Nymphe keine Palmen stehen, während doch Jericho schon im Deuteronomium (34, 3) civitas palmarum genannt wird, Homer aber anderseits bei der Begrüssung Nausikaa's durch Odysseus kaum Worte findet, den Palmspross am Opferaltar Apollon's auf Delos zu schildern.

Es waren indes die Beziehungen des Inselmeeres zum Lande Kenăghan in erster Linie kommerzieller Natur; die Palm-Dattel aber, welche in der hl. Schrift überhaupt nur einmal erwähnt wird (Cant. 7, 8) unter der allgemeinen Bezeichnung Traube (eshkôl), dagegen an beiden Stellen des Deuteronomium fehlt (8, 8; 28, 39), in welchen der Landesprodukte im einzelnen gedacht wird, zählt nicht zu den Erntefrüchten, weil Central-Palästina der erforderlichen Durchschnitts-Wärme von 21 Grad Celsius ermangelt.

„Baumwuchs aber rings um die Höhle erspriesst in üppiger Fülle, Erlen und Silberpappeln und wohlduftende Cypressen“ (5, 63). Die silberfarbene Euphratpappel hatte sich am unteren Jordan allzeit zahlreich vorgefunden, die Cypresse aber ward in ganz Palästina auf Gräbern und in den Gärten der Städte gezogen.

Dass ausserdem die üppige Edelrebe, reichlich prangend von Trauben (5, 691), auf dem Eilande Kalypso's vertreten ist, mag uns nicht befremden, indem das gelobte Land bei feuchter Seeluft und sonnigen Höhen allzeit im Rufe eines vorzüglichen Weinlandes gestanden.

Belebt war die tropische Pracht Jericho's von befiederten Sängern. „Die Tierwelt am Fusse des Quarantania-Berges übertraf ehedem die höchsten Erwartungen der Reisenden, Nachtigall und Bulbul belebten scharenweise die Landschaft. Fast jeder Baum war von einem Paare bewohnt, und das Dickicht widerhallte von ihrem Gesang.“ (Tristram, Fauna und Flora Pal. 189.)

Anders am Strande der Nymphe, woselbst die Fittiche wohl zahlreich vertreten, doch in Harmonie gebracht sind zu den unheimlichen Wogen, welche die vereinsamte Insel umtosen. „Daselbst hausen schwingenstreckende

Vögel, Baumeulen und Falken und zungenstreckende Meerkrähen, welchen gerade der Fischfang am Herzen liegt.“ (5, 65.)

Legen wir weniger Gewicht auf die Übereinstimmung im kleinen und mehr Nachdruck auf den Gesamtüberblick, so können wir getrost behaupten, dass, wenn der Götterbote nicht das poetische Eiland Kalypso's, sondern den historischen Boden der alten Jericho-Oase betreten hätte, seine Bewunderung und sein Erstaunen noch berechtigter und überwältigender gewesen wäre.

Übrigens charakterisiert schon das einzige Attribut „baumreich“, also weithin bestanden mit Kulturbäumen, die Umgebung Alt-Jericho's zur Genüge.

Ogygia hat der Dichter sein Eiland genannt. Solche Sprachreste aus grauer Vorzeit zu entziffern, mag im allgemeinen für ebenso undankbar gelten, als eine ausgegrabene Scherbe zu bestimmen, welcher jedes Handzeichen fehlt. **Gilgal** nannte sich jene denkwürdige Örtlichkeit, welche, kaum zwei Kilometer von Jericho entfernt, den ersten Lagerplatz des israelitischen Volkes, die erste Ruhestätte für die hl. Lade, die erste Richtstätte Samuels, die erste Wahlstatt des Königtums repräsentierte, also bedeutungsvoll genug geworden war, um nach der Zerstörung Jericho's der nächsten Umgebung den Namen zu leihen und seine Kunde in das Ausland zu tragen. Lassen wir aber im Namen Gilgal die erste Liquida sich vokalisch erweichen und die zweite sich abschleifen, so erhalten wir eine hypothetische Stufe Gygia.

4. Die einsame Nymphe.

Gehen wir nunmehr über von der Örtlichkeit zur Persönlichkeit. Der Götterbote trifft die Nymphe an im blendend weissen Gewande, um die Hüfte den goldenen Gürtel, das Haupt vom Schleier umgeben (5, 231), während dieselbe, singend mit herrlicher Stimme, am Webstuhle hinschritt und mit goldenem Schiffchen wob (5, 61).

Geradeso treffen wir auf palaestinensischem Boden die starke Frau der hl. Schrift: „Accinxit fortitudine lumbos suos et roboravit brachium suum. Stragulatam vestem fecit sibi, byssus et purpura vestimentum eius“ (Prov. 31, 17).

Was den persönlichen Charakter anbetrifft, so hebe ich an erster Stelle das Attribut „listenreich“ hervor (7, 245), dessen Anwendung auf unsere Rachab keines Wortes bedarf.

An zweiter Stelle erklärt Kalypso von sich selbst: „Mein Sinn steht auf Recht und Billigkeit (5, 190), also auf Anerkennung der bestehenden Ordnung Gottes, ganz entsprechend der Angabe der hl. Schrift: „Irruit in nos terror vester; dominus enim deus vester ipse est deus in coelo sursum et in terra deorsum“ (Jos. 2, 9).

Weiterhin versichert die Nymphe: „Und ich selbst trage kein Herz von Eisen in der Brust, sondern voll Barmherzigkeit (5, 190), gleichwie die Wirtin mit vollem Recht sich rühmt: „Ego misericordiam feci vobiscum“ (Jos. 2, 12).

Indes beachten wir es wohl, dass ein Hinweis auf Billigkeit und Barmherzigkeit aus dem Munde jener Nymphe, welche es sieben Jahre mitangesehen, wie der hochgemute Odysseus Tag für Tag am Meeresstrande sass und weinte, mit thränenreichem Kummer und Seufzen sein Herz zermarternd, wie er fort und fort Ausschau hielt über die rastlos wogende See (5, 82), sehnlichst verlangend, auch nur den Rauch aufsteigen zu sehen aus seinem Heimatlande, um alsdann zu sterben (1, 58), uns anwidern muss wie die bitterste Ironie, während die wahre Billigkeit und Barmherzigkeit für die historische Quelle des Dichters, für die biblische Rachab, ihre volle Gültigkeit beansprucht, ein neuer Beweis unserer früheren Behauptung, da es sich um die Bezeichnung „der bergenden Frau“ handelte: „Die Sachlage im ganzen und grossen hat der Dichter verschoben, die Einzelzüge sind geblieben.“

Am Hofe des Alkinoos fügt Odysseus seinem Bericht über Kalypso den rätselhaften Vermerk ein: „Mit ihr hat niemand Verkehr, sei es unter den Göttern oder den sterblichen Menschen“ (7, 246). In gleicher Weise hatte sich schon Hermes beim Betreten des Eilandes klagend geäussert: „Wer denn sollte aus freien Stücken eine solch endlose Salzflut durcheilen? Denn nirgends in der Nähe ist eine Wohnstatt der Menschen, welche den Göttern die auserlesenen Festopfer darbringen (5, 100.)

Der Gedanke, dass die Vereinsamung der Nymphe aus jener Absonderung vom eigenen Volke herzuleiten ist, durch welche sie allein gerettet worden, mag wohl nicht ohne weiteres von der Hand zu weisen sein. Indes scheinen doch die beiden Stellen der Dichtung einen versteckten Vorwurf zu enthalten, dass Kalypso von den Göttern und Menschen gemieden worden.

Das Gewerbe unserer Rachab als mulier meretrix (Jos. 2, 1) hatte freilich nach den bösen Sitten ihres Landes, in welchem die Götter durch Unzucht verehrt wurden, nichts Ehrloses an sich. Stellen wir uns aber auf jenen Standpunkt des Dichters, nach welchem Penelope dem fernweilenden Odysseus mit bewunderungswürdiger Gewissenhaftigkeit die Treue bewahrt und selbst noch, als der zurückgekehrte Gatte leibhaftig vor ihr sass im eigenen Palaste, das erklärteste Misstrauen zur Schau trägt, oder berücksichtigen wir die zarte Sorge Nausikaas um Ehre und guten Namen, da sie sich weigert, gemeinsam mit dem wohlgestalteten Fremdling zum väterlichen Palast zurückzukehren, auf dass kein Übelwollender aus dem gemeinen Volke sie verhöhne mit den Worten: „Wo hat doch Nausikaa diesen herrlichen und stattlichen Fremdling sich hergeholt, all den edlen Phaeaken zum Hohne, welche um sie werben?“ (6, 276), so haben wir den vollen Beweis, dass zur Zeit des patriarchalischen Königtums bei den Hellenen der sittliche Rechtsinn im Volke lebendig geblieben als *νόμος ἄγραφος*, als die ungeschriebene, göttliche, im Menschen lebendige Satzung. Daher mussten insbesondere die Familienbande in jeder Hinsicht für geheiligt gelten, musste das Familienglück als das Fundament der Volkswohlfahrt hochgehalten werden. „Es giebt nichts Besseres und Edleres, als wenn Mann und Weib ein Herz und eine Seele in einem Hause sind“ (6, 182). Wenn demnach der Dichter selbst das eheliche Leben als das höchste irdische Glück darzustellen pflegte, so konnte er folgerichtig nicht umhin, den Stab zu brechen über eine Rachab als mulier meretrix.

Von diesem Standpunkte aus werden wir die poetische Umgestaltung des Charakters zu erklären haben, wobei allerdings vom ursprünglichen Odium eine versteckte Spur zurückgeblieben war. Also hinwiederum der Grundsatz: „Die Sachlage verschoben, der Einzelzug geblieben.“

Es mochte übrigens die Überlieferung selbst dem Dichter Anlass genug gegeben haben, nur das Lob seiner Nymphe zu singen, gleichwie geschichtlich das gute Andenken an die Wirtin Rachab im eigenen Lande nach sattsam tausend Jahren noch frisch und rege geblieben; „Rachab meretrix ex operibus iustificata, suscipiens nuntios et alia via eiciens. (Jak. 2, 25.)

5. Der feierliche Eid.

Ganz besonderen Wert müssen wir auf die feierliche Eidesleistung legen, an welcher der Dichter festgehalten selbst nach der gänzlichen Verschiebung der Sachlage.

Die berechnende Wirtin nämlich, welche den Gegendienst der Barmherzigkeit und Treue gesichert haben will, nimmt folgenden Eid der Kundschafter entgegen: „Anima nostra sit pro vobis in mortem; faciemus in te misericordiam et veritatem“ (Jos. 2, 14), gewiss ein hochfeierlicher Eid, in welchem der Israelite Leib und Seele verpfändet.

Geschichtlich schwebt die drohende Gefahr über dem Haupte der Wirtin bei dem bevorstehenden Falle der Stadt; in der Dichtung aber sieht Odysseus einem sicheren Untergang entgegen, da er auf knappem Blockschiffe den gewaltigen Schlund des Meeres durchsteuern soll (5, 174). Der vielgeprüfte Dulder weigert sich daher entschieden, ein solches Boot zu besteigen, falls Kalypso sich nicht entschliessen kann, den feierlichsten Eid zu sprechen, dass sie keineswegs darauf sinne, ihm neues Leid und Unheil zu bereiten (5, 177).

So leistet denn die Nymphe dem Schelm und Schalk, der das Wort so klug erdacht und ausgesprochen, wie sie lächelnd und schmeichelnd meinte, den feierlichsten Eid der Götter: „Zeuge nunmehr soll sein die Erde und droben der weite Himmel und drunten die abfliessenden Wasser der Styx, bei welcher gerade die seligen Götter den heiligsten und furchtbarsten Eid zu schwören pflegen, Zeuge dafür, dass ich keineswegs darauf sinne, Dir selbst neues Leid und Unheil zu bereiten (5, 182).

Ein solcher Eid der göttlichen Nymphe gegenüber dem sterblichen Fremdlinge scheint dazu angethan, nicht geringe Bedenken wachzurufen. Sinn und Bedeutung vermag der feierliche Akt doch nur dann zu beanspruchen, wenn Kalypso wirklich die Machtvollkommenheit besass, Unheil zu bereiten und abzuwenden. Kurz vorher aber hatte die Nymphe unumwunden das Geständnis eigener Ohnmacht abgelegt, da sie den Wunsch geäussert, Odysseus möge ungefährdet zum Heimatlande gelangen, falls es der Wille der Götter, welche den weiten Himmel bewohnen, mächtiger als sie selbst im Wollen und Vollbringen (5, 168).

Berücksichtigen wir vollends den Umstand, dass das verhängnisvolle Blockschiff in der That schliesslich doch in Stücke gehen sollte, so erkennen wir aufs neue die Bedenklichkeit der Eidesleistung. Also auch hier die Thatsache: „Die Sachlage verschoben, der Einzelzug geblieben.“

6. Das Blockschiff.

Aus welchem Grunde lässt der Dichter seinen Helden auf knappem Blockschiffe Ogygia verlassen, einem Fahrzeuge, welches weder dem mächtigen Vater der Götter als Auftraggeber, noch der listenreichen Nymphe als Beraterin, noch dem Repräsentanten von Kraft und Klugheit als Erbauer zur Ehre gereichte? Etwa um dem Grolle des gewaltigen Poseidon den Schiffbruch zu erleichtern?

Besser werden wir auf die wirkliche, geographische Örtlichkeit verweisen, indem ein Notschiff auf dem Jordan und dem Nabel des Meeres durchaus den historischen Verhältnissen entspricht. Wenigstens berichtet Strabon, dass die Uferbewohner des toten Meeres auf Flössen die auftauchenden Asphaltstücke einsammelten. Also hinwiederum die Sachlage verschoben, der Einzelzug geblieben.

„Siebzehn Tage fuhr er auf hoher See, am achtzehnten aber kamen die dunklen Berge des Phaeakenlandes in Sicht (5, 278). Die lange Dauer der Fahrt hat mit Recht von je her Bedenken erregt. Bei dem günstigen Fahrwind, welchen die Nymphe ihm entboten, konnte Odysseus in der gleichen Zeit das Mittelmeer in seiner ganzen Länge durchsteuern.

Anders liegt die Sache, wenn das Blockschiff vom Nabel des Meeres aus sagenhaften Pfaden nach Süden sich anvertrauen muss, um auf unbekanntem Wege die Verbindung des Ozeans mit dem Nil zu gewinnen und so nach endloser Fahrt in das Binnenmeer zurückzukehren.

Nach Diodor (1, 12) hielten die alten Ägypter selbst ihren Nilstrom für einen Teil des Ozeans, wie denn die Bezeichnung „Meer“ (Bahr) dem mächtigen Strome teilweise bis heute verblieben.

Selbst die Richtung der Fahrt widerspricht unserer Annahme in keiner Weise. Denn Odysseus hatte den südöstlichen Kurs einzuhalten, um zur vermutlichen Nilverbindung zu gelangen, also genau jene Richtung einzuschlagen, welche die astronomischen Angaben der Nymphe voraussetzten (5, 272). War aber der Nil gewonnen, so verstand sich die Weiterfahrt und ihre Richtung von selbst, ohne dass wir es dem Dichter zumuten könnten, über dieselbe irgendwie Rechenschaft zu geben.

7. Zusammenstellung der Lichtpunkte:

a. geographische: Der Nabel des Meeres, die räumigen Grotten, die vier Quellen, der baumreiche Park, das Blockschiff des Wüstenmeeres, die Dauer und Richtung der Fahrt.

b. persönliche: Die bergende Frau, die gemiedene Nymphe, ihre List und Klugheit, Billigkeit und Barmherzigkeit, der feierliche Eid.

II.

König Alkinoos auf Scheria.

„Ihn aber erblickte, heimkehrend aus der Ost-Mark der Äthiopen, der gebietende Erderschütterer, fern auf den Solymer Höh'n.“ (5, 282.)

Das Solyma-Gebirge, 2400 Meter hoch, bildet bekanntlich die Ostgrenze der kleinasiatischen Halbinsel Lykia. Von hier aus musste nach seitherigen Erklärungen Poseidaon zunächst hinweg über den vorgelagerten, höheren Kragos, 3000 Meter hoch, alsdann hinweg über das Inselmeer und ganz Hellas unseren göttlichen Dulder erblicken, wie er im ionischen Meere nach Kerkyra steuerte. Denn wer wird der Sehkraft des Gottes ein Ziel setzen? Als ob der Dichter den grimmen Erderschütterer nicht gerade deshalb auf die Höhe geleitet, um mit wirklichem Auge Ausschau zu halten!

Unverweilt wird Poseidaon sich bewusst, was während seiner Abwesenheit im Himmel und auf Erden vor sich gegangen, und sofort „sammelt er das Gewölk und durchwühlt das Meer, den Dreizack mit den Händen schwingend, völlig in Dunkel hüllt er die Erde zugleich und die See, und es senkt sich herab vom Himmel die Nacht. Schulter an Schulter rasen dahin der Ost und der Süd und der widrige West und der klare Nord und wälzen die gewaltigen Wogen heran.“ (5, 291).

Und wer wird der physischen Kraft des Gottes ein Ziel setzen, als ob der Wogenschlag und Wettersturm am lykischen Meere nicht augenblicklich nach Kerkyra sich verpflanzen könnte?

1. Stadt und Hafen.

Solch starken Götterglauben können wir entbehren, wenn wir annehmen, Odysseus hat den Nil bereits verlassen und steuert nunmehr eben gen Tyrus. Alsdann bilden die Solymer Höhen die einzig richtige Warte für den lauernden Gott.

Unserem Seefahrer waren nämlich bereits die dunklen Berge des Phaeakenlandes in Sicht gekommen, genau in der Richtung, in welcher die Küste ihm am nächsten lag; dieser Punkt der Küste selbst aber trat ihm nunmehr gleichfalls in's Auge (εἴσατο) und zwar wie ein Schild auf nebelgrauer See (die bekannten vielgedeuteten Verse 280 und 281).

Stellen wir uns vor, wie Odysseus aus Südwest gen Tyrus steuert, im Hintergrunde die Häupter des Libanon und Hermon. Auf beiden Höhenzügen finden sich freilich Partien, in welchen selbst zur Sommerszeit der Schnee nicht zu schwinden pflegt, daher die Bezeichnungen Weissberg (Lebanôn) und Greisenberg (arabische Benennung des Chermôn). Wir befinden uns jedoch nach der Dichtung in den rauhen Herbst-Tagen, so dass der Fernblick auf den mit Cedern bestandenen Libanon und den von Matten umkleideten Hermon nur dunkle Bergesmassen zu entdecken vermag.

Die Felsenstadt Tyrus aber, auf jener Doppelinsel Erycore gelegen, deren Zusammenschluss schon König Hiram durch künstliche Aufschüttungen geschaffen, war nicht nur von einer mächtigen, 150 Fuss hohen (Angabe Arrians) Mauer ringsumgeben, sondern auch von hochragenden (sechs bis sieben Stockwerke) Häusern dicht erfüllt, so dass der Vergleich mit einem mächtigen Schild (Breitseite der Insel nach aussen) auf nebelgrauer See der einzig zutreffende zu sein scheint.

Ein solcher Stein-Koloss musste aber selbst bei einem geringen Abstande von der Küste (1600 Schritt, bei Homer die Rufweite 6, 294) dem Ankömmling zur See vor der ganzen übrigen Strandlinie ins Auge treten (5, 280).

Der Dichter seinerseits hebt den Mauerwall nachdrücklich und wiederholt hervor. „Eine hochragende Turmmauer zieht sich rings um die Stadt" (6, 262). „Odysseus aber bewunderte die mächtig ragenden, mit Palissaden gefestigten Mauern." (7, 44.)

Angesichts dieses Mauerschildes war über den göttlichen Dulder das Unheil Poseidons hereingebrochen, und die Irrfahrt begann aufs neue, bis schliesslich Athene die Wogen wieder glättete und ihren Schützling, getragen vom Schleiertuche Leukothea's, dem gleichen Strande entgegenführte. „Draussen nämlich ist schroffes Gestein, ringsum aber braust und tost die rauschende Flut, glatt steigt die Felswand empor, ihr zu Füssen die tiefe See" (5, 411).

An den gleichen Mauerschild sollte der unglückliche Schwimmer vom getürmten Wogenschwalle emporgeschleudert werden, um auf gleichem Wege mit völlig zerschundenen Händen in die brandende See zurückzufallen. Auf Eingebung Athenens schwimmt nunmehr Odysseus ausserhalb der Brandung nach Süden, woselbst wir ihn beim heutigen Wadi Islim das Festland besteigen lassen.

Merkwürdig scheint die Schilderung des Schutzdaches, unter welchem der Schiffbrüchige Ruhe gefunden. „Das Gezweige aber, unter welches er sich flüchtete, war zweifacher Art, wenngleich auf demselben Flecke entsprossen, ein Geflecht des Wegdorns und des Ölbaums. Nicht kalter Regenschauer noch sengender Sonnenstrahl noch strömender Gewitterregen vermochte durch den Busch zu dringen" (5, 476).

Weder beim Wegdorn noch beim Ölbaum kann von irgendwelcher Dichtigkeit überhaupt die Rede sein. Unwillkürlich muss ich mich an die älteste biblische Fabel erinnern, da der feuerdürre Wegdorn (hebr. atâd) die ganze Baumwelt eingeladen, sich vertrauensvoll um ihn zu scharen und zu ruhen im Schatten ihres Königs (Jud. 9, 15).

Begleiten wir im Geiste am folgenden Morgen Nausikaa und ihre Gespielinnen zu den Waschgruben. Für die Königstochter ziemte es sich wohl, das Maultiergespann zu benützen, denn weitab von der Stadt sind die Waschgruben gelegen (6, 40). Wir gelangen an die prächtige Strömung des Flusses, woselbst gerade die nie versiegenden Gruben sich befinden; in Fülle aber strömen die herrlichen Wasser heran, aus der Tiefe hervor, ausreichend, um selbst die schmutzigste Wäsche zu reinigen (6, 85).

Eine gute Stunde südlich von Tyrus befinden sich aber die bekannten Quellfassungen und Wasserleitungen Salomons.

Sprudelnd entspringt dem östlichen Brunnen die reichliche Fülle des Wassers, um durch den Verbindungskanal in die zweite Fassung sich zu ergiessen. Bei fünf Meter Tiefe leicht zugänglich, sind beide Brunnen aus mächtigen und wohlgefügten Steinen erbaut auf rechtwinkliger Basis von achtzig (acht mal zehn) Quadratmetern. Ihr Abfluss setzt heute mehrere Mühlen in Bewegung, bewässert die Flur und ergiesst sich als herrlicher Bach in das Meer, welcher zugleich das Rinnsal des erwähnten Wadi Islim in sich aufnimmt.

Eine noch grössere, selbständige Quellfassung findet sich wenige Minuten nördlich am Wege nach Tyrus, ein Bauwerk mit achteckigem Fundament, dessen Durchmesser zwölf Meter beträgt; bei der beträchtlichen Tiefe von zehn Metern ermöglicht die Aussentreppe den Zutritt.

Müssen nicht solche Bauten dem Dichter vor Augen geschwebt haben, da er die reichliche Menge des Wassers schilderte? „In Fülle aber strömen die herrlichen Wasser heran, aus der Tiefe hervor, ausreichend, um selbst die schmutzigste Wäsche zu reinigen“ (6, 85).

Übergehen wir vorläufig das idyllische Tagewerk Nausikaa's, und kehren wir am Abend mit der Königstochter und dem neuverjüngten Fremdlinge durch die wohlbestellten Fluren zur Stadt zurück (6, 259). Nur ein Hinweis auf den bekannten Vers 318 sei mir gestattet. Die Spondeen der ersten Hälfte (Leseart εὖ) und die Daktylen des zweiten Teiles (Leseart ἐύ) scheinen die Übersetzung zu fordern: „Sie aber schritten bald gelassen dahin, bald aber holten sie wacker aus mit den Füssen", indem Nausikaa Dorotheen gleich sowohl zurückhielt, als antrieb, da sie klüglich leitete.

Unmittelbar vor der Stadt, an der Stelle, da Odysseus vorläufig zurückbleiben sollte, befindet sich, auf Rufweite entfernt, unweit des Fahrweges das Krongut und der blühende Garten des Königs, sowie der herrliche Espenhain Athenens mit reichlicher Quelle, von Matten umgeben (6, 291).

Geschichtlich aber lag der Inselfestung eine reichbewässerte, gartenerfüllte Küstenebene gegenüber, welche bei sorgfältiger Ausnutzung durch Kanalisation und Terrassenkultur überaus ertragreich war.

Weiterhin charakterisiert der Dichter unsere Haltestelle als den Sammelplatz der Phaeaken beim Tempel Poseidons. „Daselbst aber befindet sich rings um den herrlichen Poseidontempel der Sammelplatz, von mühsam herbeigeschleppten, tief eingesenkten Steinblöcken umgeben. (6, 266)

In Wirklichkeit treffen wir an Ort und Stelle „den Hügel des Vielgeliebten", eine felsige Erhöhung, deren Umfang 200 Meter misst, und deren Höhe 15 Meter beträgt, ehedem vermutlich das mächtige Fundament des Melkart-Tempels, welcher nur altes Gemäuer und kümmerliche Reste hinterlassen, die noch als Moschee verwendet werden können.

Vor diesem denkwürdigen Platze hatte das vielbewunderte Säulenpaar gestanden, golden die eine, die andere smaragden, angeblich die symbolischen Abzeichen sei es der beiden Pole oder von Sonne und Mond oder Anfang und Ende, Himmel und Erde, Leib und Seele, Beziehungen, welche samt und sonders eine gute Phantasie vorauszusetzen scheinen.

Die Überlieferung (Herodot, Theophrast, Plinius) der Thatsache, dass die Smaragd-Säule die Eigenschaft hatte, bei Nacht zu erglühen und ungemein zu glänzen (Herod. 2, 44), während die goldene bei Tage erstrahlte, mag leicht zu der Erklärung führen, dass wir in diesem Säulenpaar eine phoenikische Nachbildung jener israelitischen Doppelsäule zu erkennen haben, welche als Wolke dem Volke bei Tage voranleuchtete, als Feuer aber des Nachts vor dem Lager erglühte (2. Mos. 13, 21).

Den Eingang zur Stadt schildert Nausikaa mit folgenden Worten; „Ein herrlicher Hafen aber befindet sich zu beiden Seiten der Stadt. Schmal nur ist der Zugang, und die doppeltgeschweiften Schiffe sind den Weg entlang ans Land gezogen, denn jeder Phaeake hat seinen eigenen Strandplatz“ (6, 263).

Hätte Homer als Geograph die Einfahrt zur alten Inselstadt Tyrus beschreiben wollen, so hätte er sich keiner bezeichnenderen Worte bedienen können.

Der alte sidonische Hafen, benannt nach seiner nördlichen Lage in der Richtung zur Stadt Sidon, wird noch heutzutage benützt, doch hindert die Versandung das Einlaufen grösserer Schiffe. Vom alten Hafendamm zeigen sich hier und dort noch Reste über dem Wasserspiegel.

Der südliche oder ägyptische Hafen ist völlig versandet und ausser Gebrauch.

Ehe wir die weiteren Angaben des Dichters über die Örtlichkeiten auf Σχερίη verfolgen, müssen wir vorerst zur Personalfrage übergehen: Wer war König Alkinoos und welches Volk ihm unterthan?

2. König Alkinoos.

„Die Phaeaken wohnten ehedem im räumigen Hypereia, nahe dem Lande der Kyklopen, eines übermütigen Volkes, welches sie knechtete, da es durch Gewaltthat ihnen überlegen war. Von dort liess der göttergleiche Nausithoos sie auswandern, welcher sie (in langer Fahrt, ἄγε, Imperfekt) hinwegführte und in Σχερίῃ ansiedelte, fern von dem ungeschlachten (ἀλφηστής, roh aus Raubgier) Volke. Rundum aber liess er die Stadtmauer ziehen und sich Wohnungen bauen und Göttertempel errichten und das ganze Gelände (ἀρούρας, Plural.) verteilen. Er aber war, vom Tode überwältigt, bereits zum Hades geschritten, jetzt aber führte Alkinoos das Scepter, welcher von den Göttern die Gabe der Weisheit empfangen (6, 4).

Des Alkinoos älterer Bruder Rhexenor, welchen, neu vermählt im Palaste, das Geschoss vom Silberbogen Apollons ereilte, hatte keinen Sohn hinterlassen, sondern einzig allein seine Tochter Arete, welche Alkinoos sich zur Gattin erwählt, um sie mit Ehren zu umgeben, wie keine zweite hinieden auf Erden. (7, 63).“

Wie mag es nur gekommen sein, dass der Menschengeist Jahrtausende hindurch an diesem denkwürdigsten aller Runensteine achtlos vorbeigezogen, auf welchem Strich für Strich eine Ruhmesthat und Zug für Zug ein Heldenbuch in sich begreift?

Unter Hypereia kann vom hellenischen Standpunkte aus nur das östliche Drittel der afrikanischen Nordküste verstanden werden, jenseits der hohen See gelegen, insbesondere also das weite Gebiet der Nilmündung; das ungeschlachte Nomadenvolk der Kyklopen repräsentiert die historischen Hirtenkönige der Hykshôs, welche in

Ägypten und im Auslande frühzeitig mit den gewaltthätigen Pharaonen und Pyramidenerbauern verquickt wurden. (Herodot 2, 128.)

Sonach ergiebt es sich von selbst, welches Volk wir uns vorzustellen haben unter den von den Kyklopen geknechteten und zum Auszuge veranlassten Phaeaken.

Als Führer des Zuges lernen wir allerdings nicht den grossen Propheten Moses kennen, welchem das gelobte Land verschlossen geblieben, noch seinen getreuen Diener Jehoshûagh, den Listigen, welcher zum Helden der Dichtung geworden, sondern folgerichtig seinen Genossen und Stellvertreter Kalêb, den rüstigen Wüstenfahrer (Nausithoos).

Besonders merkwürdig für die homerische Zeit scheint die Meldung zu sein: „*Ἐδάσσατ᾽ ἀρούρας*, er verteilte das ganze Gelände". Handelt es sich doch hier nicht etwa um die Gründung einer Kolonie, so dass wir die späteren griechischen *οἰκισταί*, die Leiter des Auszuges als Landesverteiler, oder die römischen tresviri agris dandis vergleichungsweise heranziehen könnten. Wir haben es vielmehr mit dem Auszuge eines ganzen Volkes zu thun, welches von zwölf Fürsten und einem Könige regiert wird, eines Volkes, welches die Überlieferung meist für geringfügig und unbedeutend gehalten, der ausdrücklichen Erklärung des Dichters zuwider, welcher uns mitteilt, nach einem Streifzuge habe Alkinoos als Ehrengabe die *Εὐρυμέδουσα* aus *Ἀπείρη* erhalten, weil er über sämtliche Phaeaken das Szepter führte. (7, 8).

Ausserdem setzt der Ausdruck: „Er verteilte das Gelände (Plural.)" nicht nur ein abgegrenztes Ganzes voraus, sondern auch die Besitznahme desselben, um nicht zu sagen den rechtlichen Anspruch.

Sonach scheint mir in diesen Textworten der Dichtung jene gewaltige Ironie des Schicksals vorzuliegen, dass die so vielseitig angefochtene Gesamt-Verteilung des gelobten Landes durch Jehoshûagh (Et tradidit eam in possessionem filiis Israel secundum partes et tribus suas Jos. 11, 23) mit nackten Worten in Homer zu lesen ist: „Καὶ ἐδάσσατ' ἀρούρας (6, 10), et ipse sorte terram dividet Israeli (Deuter. 1, 38).

Weiterhin haben wir uns unter dem göttergleichen Männerreihendurchbrecher Rhexenor und dem geistesstarken Alkinoos, welcher von den Göttern die Gabe der Weisheit empfangen (θεῶν ἄπο μήδεα εἰδώς, 6, 12) selbstverständlich niemand anders vorzustellen als eben Vater David, den Sieger, und König Salomon, den Weisen.

Vergleichen wir für Vater David, den Sieger, die folgenden Schriftstellen: „Contrivit inimicos undique, contrivit cornu ipsorum usque in aeternum“ (Eclus, 47, 8). „Delevit inimicos ut pulverem terrae, quasi lutum platearum comminuit eos atque confregit (2. Kön. 22, 43); anderseits für König Salomon, den Weisen: „Dedi tibi cor sapiens et intelligens in tantum, ut nullus ante te similis tui fuerit nec post te surrecturus sit (3. Kön. 3, 12). Dedit deus sapientiam Salomoni et prudentiam multam nimis et latitudinem cordis quasi arenam, quae est in litore maris (3. Kön. 4, 29).

Augenscheinlich indes war es dem Dichter in erster Linie darum zu thun, gerade die Herrlichkeit Salomons zu preisen, so dass er nicht nur über die ganze Heldengeschichte Israels, sondern selbst über die ruhmreiche Zeit Vater Davids mit einem Strich und Zug hinwegeilt. Setzt sich doch Dichtung und Sage so gerne über zeitliche Differenzen hinweg, um nur die hauptsächlichsten Einzelzüge festzuhalten, so dass es uns nicht zu befremden braucht, wenn der Dichter unmittelbar auf Kalêb, den rüstigen Wüstenfahrer, David, den Sieger, und Salomon, den Weisen, folgen lässt: Kalêb gründet, David festigt und Salomon verherrlicht das Reich, die dreifache, schlichte Sieges-Etappe eines zielbewussten, glücklichen Volkes.

Indes soll die Zeitverschiedenheit noch in weit höherem

Masse hintangesetzt werden, da König Salomon (930) als mythischer Alkinoos unseren Jehoshûagh (1230) als mythischen Odysseus gastlich an seinem Hofe empfangen wird.

Die weiteren Angaben über die Gründung des Reiches erklären sich durch den einfachen Hinweis auf die Bibelstelle 3. Kön. 3, 1: Salomon aedificavit domum suam (*καὶ ἐδείματο οἴκους*) et domum Domini (*καὶ νηοὺς ποίησε θεῶν*) et murum Jerusalem per circuitum (*'αμφὶ δὲ τεῖχος ἔλασσε πόλει*).

3. Das Volk der Phaeaken.

Freilich dürfen wir unsere Phaeaken nicht ohne weiteres und schlechthin mit den Israeliten identifizieren. Holen wir daher tiefer aus.

Der Hebräer bezeichnet Phoenikien durch Kenăghan (Niederland), eine Namensform, von welcher ich aller Überlieferung zuleide *Φοινίκη* ableite und als eine Art Mittelstufe die Kunachäer Hommels nach ägyptischen Quellen ins Feld führe.

Nachdem sich die zweite Gutturalis des Wortes Kenăghan im Auslande erhalten, mochte es nahe liegen, dass die erste sich einen bequemeren Ersatz gesucht in der aspirierten Labialis. Die griechische Zunge war schlecht genug eingerichtet für den Gutturalreichtum der hebräischen Sprache (sieben Gutturales) und befand sich ihm gegenüber bei Übernahme von Namensbezeichnungen in einer wirklichen Zwangslage. Not kennt aber bekanntlich kein Gebot, also auch kein Sprachgesetz. Weshalb denn ist es bislang niemand gelungen, für ein Volk, welches in der Vorzeit das ganze Mittelmeer beherrschte, auch nur den Namen zu erklären? Weil man absolut sprachgesetzlich verfahren will, selbst bei Lehnwörtern unter den erschwertesten Lautverhältnissen. Übrigens arbeitet nach eigenem Zugeständnisse die modernste Sprachvergleichung mehr negativ als positiv, mehr vernichtend als aufbauend. (Schrader, Hehns Kulturpflanzen, XIV.)

Zur Zeit Homers hatte Sidon längst die Führerschaft des phoenikisehen Volkes an Tyrus abgegeben. Es bleibt daher völlig ausgeschlossen, dass der grosse Dichter keine Kunde gehabt hätte von der ersten Handelsstadt der Welt.

Urbs inclyta, fortis in mari, quam formidabant universi (Ez. 26, 17). Naves maris principes tui in negotiatione tua et repleta es et glorificata nimis in corde maris. Persae et Lydii et Libyes et Graeci et Syri et Damasceni et Arabes ipsi negotiatores tui, Thubal et Mosoch et Thogorma et Dedan et Dan et Juda et Israel et Saba et Reema et Haran et Chene et Eden et Assur et Chelmad. (Aus Ez. 27.)

Und in Wirklichkeit unterscheidet Homer wiederholt die Sidonier von den Phoenikiern. Im vierten Buche zählt Menelaos die hauptsächlichsten Länder auf, in welche eine achtjährige Irrfahrt ihn geführt. Hierbei werden die Sidonier neben den Aramäern ('Εϱαμβοί) von den Phoenikiern unterschieden.

Da der König von Sparta hier seine reichen Schätze gewonnen haben will, hatte, nebenbei bemerkt, schon Ameis vermutet, dass dieser Stelle ein dunkles Gerücht von dem Reichtume Davids und Salomons zu Grunde liege.

In der Ilias wird bei der Totenfeier des Patroklus als Kampfpreis für den Wettlauf ein mächtiger silberner Mischkrug erwähnt, welchen kunsterfahrene Sidonier gefertigt, Phoenikier aber nach Troja gebracht hatten.

Indes nennt Homer seine Phoenikier wiederholt Gauner und Schelme, so bei der Entführung des jugendlichen Eumaios (15, 416) und bei der Befreiung des Odysseus aus ägyptischer Gefangenschaft (14, 289). Solchen Φοίνικες können unsere Φαίηκες freilich nicht gleichgestellt werden.

Bekanntlich war Hiram von Tyrus als ergebener

Freund dem Könige Salomon bei seinen grossartigen Bauten mit Werkleuten und Schiffen bereitwilligst an die Hand gegangen, eine Bereitwilligkeit, für welche die Überlieferung in wenig rücksichtsvoller Weise ihn zum Werkmeister und Vollstrecker erniedrigte und zum mythischen Götterboten Hermes umgestaltete. Durch diese Unterordnung ihres Königs unter das Scepter von Shalêm mögen die Tyrier selbst in Mitleidenschaft gezogen und als Unterthanen Salomons mit den Israeliten verquickt worden sein.

Diese Verquickung begrenze ich aber enger als eine mythische Identifikation der Israeliten zur Zeit Salomons mit den Phoenikiern von Tyrus unter König Hiram, eine Identifikation, für welche sich die Dichtung eigens die Bezeichnung *Φαίηκες* geschaffen oder vielmehr aus *Φοίνικες* als schwesterliche Namensform frei gebildet zu haben scheint.

4. Das gesegnete Land.

(*Σχερίη ἐρατεινή*).

Auf ähnliche Weise erkläre ich die Entstehung des Namens *Σχερίη*.

Von dem weiten Ländergebiete, welches die geographische Namensbezeichnung *Συρίη* umfasste, kam für den Verkehr mit den Hellenen in erster Linie weniger der nördliche Teil *(ἄνω)* oder der östliche *(κοίλη)* in Frage, als vielmehr nur der südwestliche, nämlich Phoenike und Palästina, *ἡ Παλαιστίνη Συρίη*, (Herod. 1, 105), eine Namensform, aus welcher sich die Dichtung hinwiederum die unmerklich veränderte Schwesterbezeichnung *Σχερίη* frei geschaffen zu haben scheint.

Unter der lieblichen *Σχερίη* (7, 79) stellen wir uns demnach nicht nur zunächst die Inselstadt Tyrus und ihre Gemarkung vor, sondern weiterhin jenes ganze Land, welches von Milch und Honig fliesst, das edelste aller Länder

(Ez. 20, 15), das Land der Bäche und Gewässer und Quellen (Deuter. 8, 7) ein Land des Weizens, der Gerste und der Weinstöcke, der Feigen, Granatäpfel und Oliven (s. Garten des Alkinoos, 7, 115), des Öles und des Honigs (Deuter. 8, 8), jenes Land, dessen Steine Eisen sind, und aus dessen Bergen man Erz gräbt, (Deuter. 8, 9; s. Palast des Alkinoos), jenes übergute Land (terra optima, Deuter. 8, 10), dessen Schönheit fremde, wie einheimische Schriftsteller der alten Welt lobpreisen.

„Wie herrlich das Land ist, sagt Hieronymus zu Ezech. 20, 15, und andere an Fruchtbarkeit übertrifft (Σχερίη ἐρίβωλος 5, 34), wird derjenige nicht mehr bestreiten, welcher seine Städte und die Anmut der Gegend von Nord bis Süd mit eigenen Augen gesehen hat.“

Es weist nämlich der Boden Palästinas auf beschränktem Raume fast alle Formationen der Erdoberfläche auf und besitzt infolgedessen nicht nur alle Abstufungen des Klima's von der tropischen Hitze des Salzthales (El-Ghor) und des unteren Jordan bis zur Schneekälte auf den Häuptern des Lebanôn und Chermôn, sondern verfügt auch über die ganze Vegetations-Skala vom Balsam und der Südfrucht bis zu den Landesprodukten des Nordens.

Die Dichtung ihrerseits bestimmt die Lage Scheria's mit folgenden Worten: „Wir wohnen abseits, zu äusserst am gewaltig brandenden Meere, ohne dass andere Sterbliche sich zu uns gesellen (6, 204).

Am östlichsten Strande des Mittelmeeres gelegen, bildet aber Palästina für die Westvölker den entlegensten und abgeschlossensten Küstenstrich, abgeschlossen nicht nur zur See gegen die ungläubigen Völker des Westens, sondern auch abgeschlossen zu Lande gegen die Götzendiener des Ostens durch die syrisch-arabische Wüste.

Nach griechischer Überlieferung (Thuk. 1, 25, Strab. 6, 2) haben die Exegeten des Dichters unsere Phaeaken allzeit auf der Insel Kerkyra nachzuweisen gesucht, besonders im Hinblick auf die Fruchtbarkeit des Landes und die Seetüchtigkeit der Bewohner.

Indes die Versuche, die homerischen Angaben mit der heutigen geographischen Beschaffenheit des Eilandes in Übereinstimmung zu bringen, gelten als aussichtslos.

Wenn übrigens Athene, nachdem sie ihren Schützling getröstet, welcher eben zum Palaste des Alkinoos zu schreiten sich anschickt, auf der Heimkehr von Σχερίη nach Athen erst nach Marathon gelangt (7, 80), so kann doch nach menschlichem Ermessen das Land der Phaeaken überhaupt nicht westwärts, sondern nur ostwärts von Athen aus zu suchen sein.

Den schlechtesten Dienst scheinen mir aber diejenigen unserem grossen Dichter zu leisten, welche ihn zum eitlen Phantasten erniedrigen und seine Phaeaken leichten Herzens ins Schlaraffenland (Pays de Cocagne) und nach Utopien verweisen.

5. Die Absonderung des Volkes.

Treten wir nunmehr den Phaeaken selbst näher. In erster Linie charakteristisch und bemerkenswert scheint mir die Stelle 7, 32: „Keineswegs gerne nehmen sie fremdes Volk bei sich auf," eine Stelle, welche den Phaeaken allgemeine Ungastlichkeit zur Last zu legen scheint. Kurz vorher aber hatte Nausikaa den Gespielinnen gegenüber sich ganz anders geäussert: „Hier kömmt ein Unglücklicher von weiter Irrfahrt her, welchen wir nunmehr pflegen müssen: denn unter dem Schutze des Zeus sind alle Fremdlinge und Bettler, und selbst die kleinste Gabe ist lieb und wert" (6, 208).

Wie vollends Alkinoos unseren Helden aufnimmt, ihn eigenhändig zu Tische führt und an seiner Seite Platz nehmen lässt, allwo Laodamas zu sitzen pflegte, der geliebteste seiner fünf Söhne (7, 168), wie er weiterhin die festlichsten Veranstaltungen trifft zu Ehren seines Gastes, welchen er sich gar als Eidam wünschen möchte (7, 313), gleichwie Nausikaa ihn so gerne als ihren Gatten sich gedacht hätte (6, 244), braucht kaum weiter hervorgehoben zu werden.

Indes der scheinbare Widerspruch hebt sich leicht nach unserem Grundsatz: „Die Sachlage verschoben, der Einzelzug geblieben“. Vergleichen wir zunächst die nachfolgenden Stellen der hl. Schrift: „Mit den Einwohnern des Landes sollst du kein Bündnis schliessen, noch mit ihren Göttern“ (2. Mos. 23, 32). „Du sollst sie schlagen bis zur Vernichtung, du sollst keinen Bund mit ihnen eingehen, noch dich ihrer erbarmen“ (Deuter. 7, 2). Denn dich hat der Herr, dein Gott, erwählt, dass du sein eigentümlich Volk seiest (populus peculiaris) von allen Völkern, die auf Erden sind“ (Deuter. 7, 6). Daher die israelitische Maxime: „Societas gentium vitanda“.

Sonach liegt der Schluss nahe genug, dass die von Gott verordnete Absonderung des auserwählten Volkes allen Götzendienern gegenüber am israelitischen Volke haften geblieben selbst nach dessen poetischer Verquickung mit den Phoenikiern von Tyrus: Die Sachlage verschoben, der Einzelzug geblieben.

6. Die Nähe der Götter.

In zweiter Reihe charakteristisch und bemerkenswert scheinen die Worte zu sein: „*Οἵ ἀγχίθεοι γεγάασιν*“, (welche den Göttern nahe sind, 5, 35). „Allzeit pflegen die Götter sich uns zu zeigen in leibhaftiger Gestalt, sobald wir die herrlichen Festopfer darbringen, und sie laben sich bei uns am Mahle und setzen sich mit uns zu Tische; und wenn selbst freilich ein vereinzelter Wanderer ihnen begegnet, pflegen sie sich keineswegs zu verhüllen, da wir ihnen nahe sind". So äussert sich Alkinoos gegenüber dem Fremdlinge (7, 201).

Wer sollte sich hier nicht an die Bibelstelle erinnern: „Neque est alia natio tam grandis, quae habeat deos appropinquantes sibi, (welches seine Götter so nahe hätte) sicut deus noster adest, (nahe ist) cunctis obsecrationibus nostris" (Deuter. 4, 7). „Dominus deus in medio populi sui", Gott der Herr inmitten seines Volkes (Deut. 7, 21).

Weiterhin erinnere ich an die beständige Gegenwart des Herrn an der Opferstätte und im Zelte des Zeugnisses. „Denn die Wolke des Herrn war des Tags auf dem Zelte, und des Nachts war sie Feuer, da alles Volk Israel es sah auf allen ihren Standorten (2. Mos. 40, 36).

Am Mahle aber schienen die Götter sich zu laben, wenn der Israelite das Speiseopfer darbrachte, zum übersüssen, lieblichen Geruch für den Herrn (3. Mos. 2, 2 u. 9).

Den Götterbegegnungen vereinzelter Wanderer können wir immerhin die zahlreichen Erscheinungen des Herrn gegenüberstellen, welcher der grosse Prophet gewürdigt worden. „Der Herr aber redete mit Moyshês von Angesicht zu Angesicht, wie ein Mann mit seinem Freunde zu reden pflegt (2. Mos. 33, 11). Der Dichtung weit näher indes steht König Salomon, welcher zweimal den Herrn zu schauen gewürdigt worden, zu Gibghôn (3. Kön. 3, 12) und zu Shalêm (3. Kön. 9, 2).

Demnach halten wir die Versicherung des Dichters, dass die Phaeaken den Göttern besonders lieb und wert gewesen (*μάλα γὰρ φίλοι ἀθανάτοισιν*, 6, 203) für die mythische Bestätigung der historischen Thatsache, dass das Volk Israel das auserwählte Volk Gottes gewesen: populus peculiaris, quem Dominus elegit, quia dilexit eum (Deuter. 7, 7).

Daher stammt denn anderseits das erklärte Sicherheitsgefühl, welchem wir beim Volke der Phaeaken begegnen, jene unentwegte Zuversicht, welcher Nausikaa Ausdruck verliehen, da sie versicherte: „Denn jener zählt nie und nimmermehr zu den leibhaftigen Sterblichen, welcher es wagte, in feindseliger Gesinnung das Land der Phaeaken zu betreten (6, 201). Erinnert ein solches Vertrauen des Volkes nicht lebhaft an die Worte des Herrn: „Nullus poterit vobis resistere cunctis diebus vitae tuae"? (Jos. 1, 5). „Daher wohnten Juda und Israel ohne alle Furcht, ein jeder unter seinem Weinstocke und unter seinem Feigenbaume alle Tage Salomons (3. Kön. 4, 25).

7. Die Gottheiten der Phaeaken.

In dritter Linie charakteristisch und bemerkenswert scheinen mir die Gottheiten der Phaeaken zu sein, insofern neben Zeus (Vater David), Apollon (Abshâlom) und Athene (Weisheit Salomons) Poseidâon und Hermês besonders hochgehalten werden.

Das Wesen und die Namensbezeichnung Po-seidôn's mag die schlichte Voraussetzung aufklären, dass die Macht Sidôn's als ältester Seestadt der Welt in dem Gotte ihre mythische Verkörperung gefunden. Die ionische Stufe *Ποσειδης* kann der späteren Namensform Saida zur Seite gestellt werden, während die Stufe mit *τ*, *Ποτειδης*, an das ursprüngliche Zîdon zu erinnern scheint.

Nachdem nämlich der Sidonier Jahrhunderte hindurch Herr des Meeres geblieben, kann es keineswegs befremdlich erscheinen, dass die Macht und Kraft seines Namens vergöttert worden ist.

Folgerichtig ward demnach Poseidôn auch Ahnherr von Tyrus (und weiterhin der Phaeaken des Dichetrs, daher Vater des Nausithoos, 7, 65) und zwar ein Ahnherr voll Eifersucht (*ἀγάσασθαι* 8, 565; 13, 173), welcher es nicht verwinden konnte, dass das heimische Sidôn gänzlich überflügelt worden war. „Denn die Einwohner von Sidôn waren in Tyrus Ruderknechte“ (Ez. 27, 8). Daher die beständigen Drohungen des Gottes gegen das Glück der Phaeaken (8, 567; 13, 175.)

Hiernach erklärt sich auch die bevorzugte Stellung, welche Zeus selbst dem Gotte des Meeres einräumt. „Schwer zu vollbringen aber möchte es wohl sein, den ältesten und vornehmsten der Götter in Schande zu stossen“ (13, 141).

Die Fichte aber, welche dem Gotte geweiht ist, mag uns daran erinnern, dass Sidôn und Tyrus am Fusse des Lebanôn gelegen, welcher ehedem mit Riesen-Cedern bestanden war, die dem Gott heilig wurden; daher die Bezeichnung „Götterbaum“, pinus deodara. Vergleichen wir noch die Worte des Propheten: „Cedern vom Lebanôn nahmen sie, um Mastbäume für Tyrus zu machen“ (Ez. 27, 5).

Auch dem Gotte Hermês erweisen die Phaeaken besondere Ehre. In dem Augenblicke nämlich, da Odysseus den Saal betreten, schickten die Fürsten und Führer sich an, dem umsichtigen Eilboten an letzter Stelle den Weiheguss darzubringen, ehe sie der Nachtruhe gedachten (7, 136).

Mag man immerhin in dem Boten des Zeus zugleich den Traumführer *(ὀνειροπομπός)* und Schlafgeber *(ὑπνοδότης)* schlechthin erkennen; für die historischen Phönikier von Tyrus, welche die mythischen Phäaken repräsentieren, wird die Spende und das Opfer weit bedeutungsvoller, da sie vor dem Schlafengehen Haus und Habe, Glück und Leben unter den Schutz desjenigen stellen, welcher der wahre Begründer ihrer Macht gewesen. (Hermes gleich Hiram, König von Tyrus.)

8. Das wunderbare Geleitschiff.

Bekanntlich hatte die Sage auf den mythischen Hermes als den Repräsentanten des historischen Königs Hiram von Tyrus „die Geleitschaft“ *κατ' ἐξοχήν* concentriert: *Ἑρμῆς ἡγεμόνιος, ἐνόδιος, ψυχαγωγός, ὀνειροπομπός.*

Merkwürdigerweise findet sich nunmehr bei den mythischen Phaeaken, welche gleichfalls die historischen Phönikier Hiram's repräsentieren, dieselbe Geleitschaft.

„Wer immer zu meiner Schwelle gekommen, sagt Alkinoos, hier braucht er nicht länger zu jammern und zu harren wegen der Heimfahrt (8, 33); denn sicheres Geleite erweisen wir allen Fremden“ (13, 174).

So ward denn auch für Odysseus das neugezimmerte (8, 35) Schiff gerüstet, mit Mast und Segel und Rudern, alles, wie sichs gebührt (8, 52). Den Phaeaken nämlich war es nicht um Bogen, noch Köcher zu thun, sondern um Maste und Ruder und gleichschwebende Kiele, mit welchen sie prunkend die schäumende Salzflut durchsteuern (6, 270). Auf ihrer Werfte aber rüsteten sie das Geräte der dunkelfarbenen Schiffe, die Taue und Segel, und glätteten die Ruder (6, 268).

Soweit hatte es mit den Fahrten der Phaeaken als Phönikier von Tyrus seine volle Richtigkeit. Höchstens mag darauf hinzuweisen sein, dass nach der Darstellung des Dichters die Unterthanen des Alkinoos nicht als erwerbsüchtige Grosskauffahrer erscheinen, sondern die Schiffahrt gleichsam als Nationalsport betreiben. Einer solchen Einschränkung ihres Betriebes aber mag die bescheidene Nautik des israelitischen Volkes Vorschub geleistet haben, welches wir neben den Phönikiern von Tyrus unter die mythischen Phaeaken allzeit miteinrechnen müssen. „Salomon nämlich baute sich eine Flotte in Ghezjon-Geber am roten Meere, und Hirams seekundige Matrosen begleiteten die Knechte Salomons nach dem Goldlande (Arabien, 3. Kön. 9, 27).

In merkwürdigen Gegensatz zu solcher regelrechten Seefahrt tritt indes die rätselhafte Schilderung der Phaeakenschiffe durch König Alkinoos gegenüber Odysseus beim festlichen Mahle: „Nenne mir deine Heimat und Gemeinde und Vaterstadt, auf dass meine Kiele ihren Sinn dahin richten zu deinem Geleite. Wir Phaeaken nämlich brauchen nicht Steuerleute noch Ruder, wie solcher die übrigen Schiffe bedürfen. Sondern unsere Kiele selbst kennen Herz und Sinn ihrer Meister, kennen der Länder Städte, der Völker fruchtbare Gelände und durchschneiden behende die wogende See, **in die Nebelwolke gehüllt,** und nimmermehr brauchen sie zu fürchten, in Not zu geraten oder gar zu Grunde zu gehen" (8, 556).

Diese merkwürdigen Worte, welche unserem König Alkinoos schon im Kommentar des Eustathios den Vorwurf eitler Prahlerei eingetragen, stehen, wie gesagt, im vollendeten Widerspruch mit sämtlichen übrigen Angaben des Dichters über die Schiffahrt der Phaeaken.

Suchen wir die Aufklärung auf israelitischem Boden. Als Schiff ohne Steuer und Ruder kennen wir nur die Arche des gerechten Noah, welche hier kaum in Betracht kommen mag. Dagegen haben die Israeliten mit ihrer Lade des Zeugnisses und dem hl. Zelte (der Stiftshütte, 15 m lang, 5 m hoch, 5 m breit,) jene langjährige Wüstenfahrt zurückgelegt, welche vorbildlich geworden für die Fahrten eines Jason (Argonauten), Theseus, Odysseus und sämtlicher *ἀλήμονες ἄνδρες* Homers.

Selbstverständlich auch hier in der Wüste nicht Steuer noch Ruder, wohl aber die Nebelwolke, auf welche mutmasslich die rätselhafte Schilderung der Phaeaken-Geleitschiffe zurückzuführen ist.

Nachdem nämlich die Stiftshütte vollendet war, da bedeckte eine Wolke das Zelt des Zeugnisses, und die Herrlichkeit des Herrn erfüllte es. (2. Mos. 40, 32; Gott der Herr als Wolkensammler, *νεφεληγερέτα*.) Und wenn die Wolke, welche das Zelt bedeckte, sich erhob, dann brachen die Söhne Israels auf; und an dem Orte, da sie stille stand, schlugen sie ihr Lager auf (4. Mos. 9, 17). Die Wolkensäule aber wich nicht von ihnen bei Tage, **sie auf den Weg zu leiten,** die Feuersäule nicht bei

Nacht, **ihnen den Weg zu zeigen,** auf dem sie ziehen sollten (Nehem. 9, 19).

Demnach hat die Dichtung für die Phaeaken die Wolkensäule zwar beibehalten, die leitende Kraft aber auf die Kiele selbst übertragen, gleichwie die Macht und Herrlichkeit des Herrn das Zelt des Zeugnisses erfüllte, in der Wolkensäule nur sich äusserlich zeigte.

Diese Erklärung der phaeakischen Nebelwolke wird bekräftigt durch meinen früheren Hinweis, dass die goldene und smaragdene Säule vor dem berühmten Melkart-Tempel zu Tyrus gleichfalls das Andenken an die wunderbare Führung des israelitischen Volkes durch die Wüste repräsentieren.

Anderseits bestätigt unsere Annahme die Behauptung, dass wir unter den Phaeaken nicht schlechthin die Phoenikier von Tyrus, sondern zugleich und hauptsächlich das mit ihnen verquickte Volk Israel zu verstehen haben.

Was schliesslich die Sicherheit der Fahrt betrifft, so mag ein Hinblick auf die hl. Schrift eigentlich als überflüssig erscheinen. „Vierzig Jahre versorgtest du sie in der Wüste, und es mangelte ihnen nichts, ihre Kleider wurden nicht alt und ihre Füsse nicht verletzt. (Nehem. 9, 21.)

9. Der National-Charakter.

Gehen wir nunmehr über zu den National-Charakter-Eigenschaften der Phaeaken.

„Allzeit aber haben wir unsere Freude am Mahle, an Zither und Reigen und reichen Gewändern, am warmen Bade und Ruhepolster“ (8, 248). Mit diesen beiden Versen, an welchen sich die Kommentare so viel gestossen, eröffnet sich uns erstmals das eigentliche Reich des geistesstarken Alkinoos als Repräsentanten des biblischen Königs des Friedens.

Wie der Traum des Märchens schwebte über dem Volke Israel nach Jahrhunderten des Kampfes und der Mühsal die Herrlichkeit und Pracht der Salomonischen Friedenszeit. „Und sie assen und tranken und waren fröhlich (3. Kön. 4, 20). „Israel hatte Frieden von allen Seiten ringsum und wohnte ohne alle Furcht, ein jeder unter seinem Weinstocke und unter seinem Feigenbaume, von Dân (Nordgrenze) bis Beêr-Shĕbagh (Südgrenze), alle Tage Salomon's (3. Kön. 4, 25).

Aber Salomons Speise auf jeglichen Tag war dreissig Kor Weissmehl (zwölf Tausend Liter für vierzehn Tausend Tischgenossen) und sechzig Kor gewöhnliches Mehl (vierundzwanzig Tausend Liter), zehn Mastochsen und zwanzig Weideochsen und hundert Widder, ohne das Wildbret der Hirsche und Rehe und Büffel und der gemästeten Vögel (3. Kön. 4, 22).

Wie schwach nehmen sich hiergegen die Worte des Dichters aus: „*Ἐπηετανὸν γὰρ ἔχεσκον*“, die schmausenden Fürsten der Phaeaken hatten Vorrat in reichlicher Fülle (7, 99).

Weiterhin die Freude an Zither und Reigen.

Für das vereinigte Fest der Tempelweihe und der Hütten (zweimal sieben Tage) schlachtete Salomon Friedopfer für den Herrn, zweiundzwanzig Tausend Rinder und einhundertzwanzig Tausend Schafe (3. Kön. 8, 63). „Und die Leviten spielten auf Cymbeln und Harfen und Cithern, und einhundertzwanzig Priester bliesen die Trompeten, und alle stimmten zusammen mit Gesang und Trompeten und Cymbeln und Saitenspielen und Instrumenten aller Art“ (2. Paral 5, 12).

An jedem Laubhüttenfeste aber veranstalteten die Vornehmsten des Volkes nach dem Vorbilde Vater Davids religiöse Tänze bis tief in die Nacht.

Schon König David nämlich hatte in seiner Demut spielen wollen vor der Lade des Herrn, welcher ihn erwählt zum Fürsten in Israel, um noch geringer zu werden, als er gewesen: „Et David saltabat totis viribus ante Dominum, (2. Kön. 6, 14), er tanzte aus allen Kräften vor dem Herrn, gleichwie die Phaeaken stampfend den herrlichen Reigen aufführten (8, 264).

Es wurden überhaupt an Festtagen nicht selten religiöse Tänze aufgeführt, welche in kreisförmigen Bewegungen und rhythmischen Schritten bestanden, wobei die Frauen ihre Triangeln und Handpauken schlugen.

Daher also die Freude der mythischen Phaeaken an Cither und Reigen (8, 248), an schneller Bewegung und Tanz und Gesang (8, 253).

Übrigens setzt der Prophet auch bei den Phoenikiern von Tyrus die Freude an Cither und Reigen voraus, da er die Drohung des Herrn verkündigt: „Alsdann will ich ein Ende machen der Menge deiner Gesänge, und der Klang deiner Cithern soll nicht mehr gehört werden (Ez. 26, 13).

Was die Freude der Phaeaken an reichen Gewändern betrifft, so brauchen wir uns nur daran zu erinnern, dass die Pracht des geistesstarken Königs geradezu sprichwörtlich geworden ist. „Nec Salomon in omni gloria sua coopertus est sicut unum ex liliis agri (Matth. 6, 29).

„Die Königin von Saba aber bewunderte selbst die Diener und ihre Kleider und die Mundschenken und ihre Kleider (2. Paral. 9, 4).

Die Freude am Bade (8, 49) scheint sich für die Israeliten schlecht nachweisen zu lassen. Indes bestanden die auffallend zahlreichen levitischen Reinigungen, welche so vielseitig in das tägliche Leben eingriffen, meist in einem Bade.

Sonach kennzeichnet die Freude des Mahles und Liedes die Phaeaken nicht etwa als verweichlichte Sybariten, welche die Haut pflegen und in den Tag hinein schlafen (Horat. epist. I, 2, 28), sondern vielmehr als ein Volk, welches sich der reichsten Friedensmacht erfreut, und dem kein Widersacher und kein böser Widerstand ersteht, da Gott der Herr ihm Ruhe gegeben ringsum (3. Kön. 5, 4). Die schweren Tage und Jahre, da der göttergleiche Männerreihendurchbrecher das Scepter geführt, die Tage des Kampfes und Ringens, sind glücklich überstanden. Gerade deshalb kann Alkinoos sich rühmen, dass sein Volk auf Faustkampf und Mannesringen, (8, 246), auf Bogen und Köcher (6, 270) verzichtet.

Es liegt demnach der Phaeakensage des Dichters das offene Geständnis der Vorzeit zu Grunde, dass das Volk Israel unter König Salomon im Auslande für das gottbegnadetste, glücklichste, froheste und reichste Volk der Welt gegolten.

Schliesslich mag sich die Frage, ob die Dichtung als solche gewinnt oder verliert, wenn wir das Glück der Phaeaken nicht mehr in schlaraffenmässiger Wunschlosigkeit suchen, sondern mit dem Nimbus nationalen Verdienstes und göttlichen Segens umgeben, leicht genug von selbst beantworten.

10. Die Schilderung des königlichen Palastes

beginnt der Dichter mit den Worten: „Gleich Sonnenglanz und Mondesschimmer war die Pracht im ragenden Palast des hochgemuten Alkinoos (7, 84). Bei Besprechung unseres Feenpalastes weisen vereinzelte Kommentare Homers unwillkürlich auf die monumentalen Bauten Salomons hin.

„Und er baute das Haus vom Walde Lebanôn (3. Kön. 7, 2). domum saltus Libani, *τὸν οἶκον δρυμῷ τοῦ Λιβάνου*. Die Exegese schreibt die Bezeichnung des Palastes den 45 Cedernbäumen zu, welche als dreifache Säulenreihe gleichsam einen mächtigen Wald bildeten. Ältere Erklärer indes verlegen den Bau in Wirklichkeit nach dem Libanon, eine Ansicht, welche die hl. Schrift selbst zu bestätigen scheint. „Alles, was Salomon wollte und gedachte, das baute er zu Jerusalem und auf dem Lebanôn und im ganzen Lande seiner Herrschaft (3. Kön. 9, 19; 2. Paral. 8, 6).

Wenn demnach die israelitische Überlieferung nicht nur die erwähnten Quellfassungen südlich von Tyrus, sondern auch den Palast vom Walde Libanon an den Namen ihres ruhmreichen Königs knüpfte, hatte die Dichtung Anlass genug, den weisen Salomon als geistesstarken Alkinoos geradezu in Tyrus residieren zu lassen und so, wie längst dargethan, die Phoenikier von Tyrus mit den Israeliten zur Zeit Salomons zu verquicken (Φαίηκες).

Bei der Darstellung des Palastes aber mag der Dichter seine ganze Kunde über Salomonische Bauten überhaupt zu Rate gezogen haben, ganz besonders die Mitteilungen über das Haus des Herrn und das Haus des Königs (3. Kön. 9, 10).

Der Sonnenglanz und Mondesschimmer nunmehr, von welchem wir ausgegangen, mag an die Thatsache erinnern, dass nichts im Hause des Herrn sich fand, was nicht mit Gold bedeckt war (3. Kön. 6, 22).

Seitenwände, Decke und Fussboden waren wohl mit Cedern und Cypressen getäfelt und belegt; doch Decke, Wände und Boden waren überdies mit Goldblech überzogen, so dass das Auge nicht Stein noch Holz, sondern nur blinkend Gold erblickte gleich Sonnenglanz und Mondesschimmer.

„Es war nämlich das Gewicht des Goldes, welches man Salomon alle Jahre brachte (ausser den Zöllen, Fürstentributen und Geschenken) sechshundertsechsundsechzig Talente (3. Kön. 10, 14; siebzig Millionen Mark); und Salomon sammelte Gold wie Messing und häufte Silber auf wie Blei“ (Eclus. 47, 20).

Solcher Pracht gegenüber muss der Palast der Dichtung noch für bescheiden gelten.

Golden erstrahlt nur das Portal, der Thürring, das

eine Paar Hunde und die Doppelstatue, silbern hingegen Pforten und Thürsturz und die beiden anderen Hunde, ehern aber die Schwelle und die Wände zur Rechten und Linken.

„Ringsum aber lief der Mauerkranz aus (imitiertem) Lasur (7, 87), gleichwie Salomon an allen Wänden des Tempels ringsum erhabene Arbeit und Drehwerk anbringen liess (3. Kön. 6, 29).

„Golden aber und silbern auf beiden Seiten (des Portales) erstrahlten die Hunde, welche Hephaestos gefertigt mit kunstreichem Sinne, des hochgemuten Alkinoos Palast zu bewachen, unsterblich von Geschlecht und ewig jung alle Tage (7, 91).

Vergleichen wir den würdigen Zugang zum Königspalaste mit dem majestätischen Aufstieg zum Throne Salomons.

An der Stätte königlicher Macht und Barmherzigkeit, vor welcher der Schuldige erzittert, während der Gerechte sich vertrauend naht und scherzet mit den Löwen um den Thron (Jungfr. v. Orl. Prol. 359), hält der König der Tiere getreulich Wache, Stufe für Stufe Leu für Leu zu beiden Enden; droben der ragende Stuhl von Elfenbein mit eingelegtem Golde, die Riesenarme gestützt aufs wallende Löwenhaupt, in der Rotunde mit Scepter und Krone der allbewunderte König des Friedens und der Weisheit: fürwahr ein Fürstenthron, wie solcher nicht zu finden war in allen Königreichen (2. Paral. 9, 19.)

„Und es kamen aus allen Völkern, zu hören die Weisheit Salomons, und von allen Königen der Erde, welche hörten von seiner Weisheit (3. Kön. 4, 34).

Ein würdigeres Ideal konnte dem Dichter nicht vorschweben für seinen König der Phaeaken, auf welchen das Volk hörte gleichwie auf einen Gott (7, 11).

„Goldene Statuen aber freilich standen auf festgefügten Postamenten und hielten brennende Fackeln in den Händen, zu leuchten während der Nacht den Gästen im Saale (7, 100).

Diese freistehenden Postamente lassen sich immerhin vergleichen mit den Riesenprachtsäulen vor der Tempelhalle, beide oben von breitem Kettenreife und doppeltem Granatringe umschlossen, darüber das herrliche, lilienkronartige Kapitäl. Den leibhaftigen Fackelträgern vergleichbar, erscheinen nämlich die beiden Säulen wie durchgeistigt und personifiziert; denn sie erhielten die Namensbezeichnungen *κατόρϑωσις* und *ἰσχύς* und repräsentierten die Festigkeit und Stärke göttlichen Schutzes, Geistes und Lichtes.

„Fünfzig dienende Frauen aber weilen in seinem Palaste; die einen mahlen auf Handmühlen den goldgelben Weizen, andere weben am Stuhl oder drehen den Faden, rührig geschart, gleich den Blättern der ragenden Zitterpappel, herab vom dichtgeketteten Linnen aber sickert das perlende Baumöl (7, 103).

Die merkwürdigen Verse gelten als interpoliert, obgleich Vergil sie für nachahmenswert gehalten (Aen. 1, 703). Die formellen Bedenken lassen sich freilich nicht ganz bestreiten; indes hätte eine spätere Einschaltung über die Arbeit der Dienerinnen ganz anders gelautet; auch würde die Zahl Fünfzig ein geringfügiges Mägdepersonal des reichen Königs repräsentieren.

Abgesehen von der Handmühle nämlich, welche allerdings ausschliesslich die Mägde besorgen, (20, 107) ist an unserer Stelle von Frauen-Arbeit die Rede. Penelope (17, 97) und Arete (6, 306) spinnen im Saale, Kalypso (5, 62) und Kirke (10, 222) schreiten, singend mit herrlicher Stimme, am Webstuhle hin, während die abgehärmte Mutter Telemach's, nach dem Vater sich sehnend, Tag für Tag am Stuhle wob (19, 149): also nicht Sklavendienst sondern Frauen-Arbeit. „Denn gleichwie die Männer der Phaeaken vor allen Völkern sich darauf verstehen, mit flüchtigem Kiel durch die See zu steuern, sind die

Frauen erfahren in der Webekunst: über die Massen nämlich hat ihnen Athene klugen Sinn verliehen und Verständnis für herrliche Werke (7, 108).

Anderwärts haben die Mägde Wolle zu krempeln und sonstige Sklavenarbeit zu verrichten (22, 423), zu heizen (20, 123) und fegen (20, 149) und sprengen (150) und wischen (151) und spülen (152) und abzuräumen (19, 61) und Holz (19, 64) und Wasser zu holen (20, 154).

Es liegt demnach die Vermutung nahe, dass neben der rechtmässigen Gemahlin und Königin Arete, zu welcher Gatte und Kinder und Unterthanen aufschauen wie zu einer Göttin (7, 70), Arete, welche die Weisheit ihres Gemahles teilt und selbst der Männer Zwistigkeiten schlichtet (7, 74), fünfzig erkaufte Nebenfrauen (vergl. 14, 203; 1, 430) im Palaste des Königs weilen.

In diesem Falle hätte der Dichter, dessen Zeitalter keine Polygamie kannte, die Untreue und Schwäche seines historischen Ideals auf die bescheidenste und zarteste Weise in seine Dichtung aufgenommen.

„König Salomon nämlich liebte neben der Tochter Pharao's viele ausländische Weiber, Moabitinnen und Ammonitinnen und Edomitinnen und Sidonitinnen und Hethitinnen (3. Kön. 11, 1).

II. Die Schilderung der königlichen Gärten

giebt uns den letzten wesentlichen Gesichtspunkt für die Vermittlung des homerischen Königs Alkinoos mit dem biblischen König des Friedens an die Hand.

„Magnificavi opera mea, plantavi vineas et feci hortos et pomaria et consevi ea cuncti generis arboribus et exstruxi mihi piscinas aquarum, ut irrigarem silvam lignorum germinantium“ (Eccl. 2, 4).

Eine Stunde südwestlich von Bethlehem im oberen Wadi Urtas unweit des mittelalterlichen Teichschlosses

El-Burâk haben wir die versiegelte Quelle (fons signatus) des hohen Liedes (4, 12) zu suchen. Aus tiefer Felsengrotte strömt reichlich der Born und sammelt sich in dem Wasserschloss, einem unterirdischen Bassin, dessen Abfluss verschliessbar war durch eine Steinplatte mit königlichem Siegel (fons signatus).

Dem unterirdischen Bassin enteilend teilt sich der Quellstrom alsbald in zwei Arme, von welchen der nördliche mit dem Wadi Bijjar vereinigt als sog. obere Wasserleitung (westlich von Bethlehem) die heilige Stadt mit Wasser speiste, der südliche die vielbewunderten Salomonischen Teiche füllte.

Drei mächtige Wasserbehälter, aus Riesen-Quadern erbaut, folgten und füllten sich den Abhang entlang; für kommende Dürre boten sie einen Wasservorrat von zweihundertdreissig Millionen Liter.

Unterhalb der Teiche beim heutigen Dorfe Eurtas unweit der Ruinen Cherbet Boko, der ehemaligen Stadt Etam, lagen die gepriesenen Gärten Salomons (hortus conclusus, Cant. 4, 12). Mosaikreste und Säulentrümmer lassen darauf schliessen, dass seinerzeit daselbst zugleich ein Palast gestanden (Jos. ant. 8, 23).

Von einem Kranz von Hügeln rings umschlossen (conclusus), von der Woge des Flusses reichlich getränkt, waren für den kleinen Sonnen-Hohlkessel alle Bedingungen erfüllt, um jene wunderbare Flora hervorzuzaubern, welche wir im hohen Liede ebenso sehr bewundern, als in der herrlichen Schilderung der Gärten des Königs Alkinoos.

Noch heute, um der idealen Poesie des Lebens Prosa gegenüber zu stellen, besitzt das verwahrloste Gelände eine solche Fruchtbarkeit, dass die Kartoffel fünfmal im Jahre geerntet wird. Immerhin mag Kirsche und Aprikose und Turteltaube noch an die Freudenrufe des hohen Liedes (2, 12) erinnern. Die Rebenkultur freilich ward auf mohammedanischem Boden längst eingestellt.

„Begleitet von seinen Garden (Cant. 3, 7) hatte Salomon die Gewohnheit, am frühen Morgen im weissen Mantel seinen Wagen zu besteigen und nach Etam hinauszufahren, dessen reichlich bewässerte Gärten einen recht angenehmen Aufenthaltsort darboten“ (Jos. ant. 8, 7, 3).

Und die Herrin all dieser Pracht und Herrlichkeit?

Die Braut am königlichen Hofe, die Blume des Feldes, (Cant. 2, 1), das sonnengebräunte (1, 5) Mägdlein aus Galiläa (7, 1, *Σουναμῖτις*), die Wüstentochter vom Lebanôn (4, 8), die schönste Gespielin der Töchter Sions (5, 17), der Liebling ihrer Brüder. (8, 9) die blühende (Ps. 91, 13) Palme (Cant. 7, 7) im Garten des Königs Salomon (3, 11).

Zug für Zug die Königstochter *Ναυσικάα* **in** *Σχερίη* Von der zarten Anmut des hohen Liedes nämlich, welche kein zweites Litteraturerzeugnis des ganzen Altertums anfzuweisen vermag, hat die Homerische Schilderung Nausikaa's einen Hauch verspürt.

a. Die Braut am königlichen Hofe.

„Dir aber steht die Vermählung nahe bevor (Od. 6, 27), und keineswegs mehr lange wirst du unvermählt sein“ (6, 33). Diese bestimmten Worte Athenens setzen den Brautstand Nausikaa's voraus, was nicht zu verwundern ist, da die Edelsten unter allen Phaeaken (schon längst) um die Königstochter sich bewerben (6, 34).

Wohl scheut Nausikaa sich noch, das blühende Hochzeitsglück selbst als die nächste Ursache der beabsichtigten grossen Haus-Wäsche dem geliebten Vater ausdrücklich zu nennen (6, 36); indes mögen wir hieraus nur auf das hochentwickelte Zartgefühl der Tochter schliessen, keineswegs aber auf eine Unsicherheit des bräutlichen Verhältnisses.

Auffallen muss anderseits die Thatsache, dass im ganzen Texte Homers der Bräutigam nicht genannt wird, wie wenn der Dichter sich scheute, dem bräutlichen Glücke Nausikaa's das Ziel zu setzen — augenscheinlich der zarteste Hauch aus der Wonne des hohen Liedes!

b. Die Blume des Feldes.

Wiederholt vergleicht die Dichtung Nausikaa von Antlitz, Wuchs und Gestalt der Göttin Artemis, deren Freude das freie Leben in der Natur, in Wald und Feld gewesen.

c. Das sonnengebräunte Mägdlein aus Galiläa und die Wüstentochter vom Lebanôn.

Nausikaa scheut keineswegs die harte Arbeit, welche sie mit den Dienerinnen teilt vom Walken bis zum Falten, während sie anderseits auf dem Wagen beweist, dass geschickt ihre Hand schon lange, den Zügel zu führen. Galiläa und Lebanôn aber begegnen sich im Reiche unseres Königs Hiram von Tyrus, von welchem Tatian, der Syrer, berichtet (*πρὸς Ἕλληνας*), dass er seine Tochter dem Könige Salomon zur Frau gegeben.

d. Die schönste Gespielin der Töchter Sions.

Nausikaa, welche von der Gottheit die Gabe der Schönheit empfangen (8, 457), den ewigen Göttinnen selbst an Wuchs und Antlitz vergleichbar (6, 16), spielt in natürlichster Herzlichkeit mit ihren anmutigen Dienerinnen Ball und Ringel, eine Königin unter ihren Gespielinnen, gleich der flurliebenden Göttin Artemis, welche den frohen Reigen der Nymphen führt.

e. Der Liebling ihrer Brüder.

Kaum war die heimkehrende Schwester mit dem Gespanne vor dem Hofthore angekommen, umstellten die göttergleichen Brüder geschäftig den Wagen, die Maultiere vom Joche zu lösen und die Wäsche hineinzutragen (7, 4).

f. Die blühende Palme.

„Niemals hat mein Auge eine solche Gestalt geschaut, nicht Mann noch Frau, so dass Staunen mich erfasst bei deinem Anblick; in Delos freilich neben dem Altare Apollon's habe ich eine solch frisch sprossende Palme erstehen sehen (6, 160), überwältigt in meinem Gemüte, da ich ein solch herrlich Reis noch nie erspriessen sah (6, 166).

Ich lege nicht geringen Wert auf die Thatsache, dass die einzige Stelle des Epos, an welcher der Dichter der Palme gedenkt, zum Vergleiche der königlichen Braut verwendet worden — **genau wie im Liede der Lieder!**

Was die Örtlichkeit der homerischen Gärten betrifft, so stossen wir schon in der Dichtung auf Hindernisse. Die Hauptgärten verlegt die Darstellung unmittelbar neben den königlichen Palast (7, 112), also nach unserer Annahme auf das kleine Eiland Erycore, was historisch ausgeschlossen sein mag. Anderwärts aber (6, 293) wird der blühende Weingarten auf das gegenüberliegende Festland verlegt, eine Unsicherheit der Darstellung, welche darauf hinzuweisen scheint, dass der Dichter auf die Örtlichkeit als solche kein Gewicht legt. Wenn also Homer die historischen Gärten Salomons bei den erwähnten Teichen sich zum Vorbilde genommen, hatte er sich demnach entschlossen, dieselben allgemein an den Fuss des Lebanôn zu verlegen, zumal die Herrin und Hüterin des Gartens das Mägdlein von Galiläa und die Wüstentochter vom Lebanôn gewesen. Ein freies Walten über Ort und Zeit müssen wir ja doch schliesslich überhaupt der Verfügung des Dichters anheimstellen. Indes wenn wir zugleich auf jene Überlieferung zurückgehen, auf welche die erwähnte Angabe Tatians sich stützte, dass Salomon die Königstochter aus Tyrus heimgeführt, so mag die Verlegung der Gärten von Bethlehem nach Tyrus für die Dichtung in Wirklichkeit hinreichend motiviert sein.

Geben wir nunmehr vorerst eine Schilderung des verschlossenen Gartens nach dem hohen Liede.

Die Braut vom Lebanôn (4, 8) geht hinab in den **Nussgarten**, um zu sehen, ob die Granatäpfel schon treiben (7, 10), um die Äpfel in den Thälern zu beschauen. Der Feigenbaum bringt seine ersten Früchte (Winterknoten) hervor (2, 13). Im Hause (Gartenpalast) finden sich neue und alte Früchte (7, 13), was auf eine Ernte zu verschiedenen Zeiten schliessen lässt.

Der duftende **Weinberg** steht gleichfalls schon in Blüte, also gleichzeitig mit dem Frühobst. Im Weinkeller lagert neben reinem Traubensaft der Gewürzwein (vinum conditum) und Most von Granatäpfeln, was auf eine verschiedentliche Verwendung der Kelter und der Früchte schliessen lässt.

„**Die Blumen** sind erschienen in unserem Lande; die Zeit des Beschneidens ist gekommen“ (2, 12). „Mein Geliebter ist hinab zu den **Gewürzbeetlein** gegangen, um in dem Garten sich zu laben und Lilien zu pflücken (6, 1). Die Sprösslinge des Gartens bilden ein Paradies von Cyperblumen mit ihrem Wohlgeruche, von duftendem Nardenkraut und Safran und Kalmus (Würzrohr) und Zimmet und Myrrhe (Balsamodendron) und Aloe (*ἀγάλλοχον*) mit all ihren vorzüglichen Wohlgerüchen (4, 13).

Dass **der Quell** aus dem Wasserschloss sofort **sich teilt**, um nördlich zur Königstadt sich zu wenden, südöstlich die Teiche und Gärten zu speisen, ward bereits oben erwähnt.

Nunmehr die wörtliche Darstellung Homers. „Draussen aber unweit des Hofthores der mächtige Garten, vier Morgen Land; ringsum zieht sich der Hag ins Gevierte.

Im Obstgarten (*ἔνθα*) ragen üppig sprossende Bäume, Birn und Granate und fruchtprangender Apfel und süsse Feige und üppige Olive. Ihre Frucht geht nimmer zu Grunde noch zur Neige, vielmehr bringt der ewig wehende Zephyr die eine zur Blüte, zur Reife die andre. So zeitigt sich Birne auf Birne, Apfel um Apfel, Traube nach Traube, Feige auf Feige.

Weiterhin (*ἔνθα*) die Pflanzung des fruchtreichen **Weingartens**; auf der einen Seite das Hitzfeld mit flachem Grunde, dessen Früchte am Strahle der Sonne vertrocknen (vinum passum); andere Trauben werden frisch geerntet, wieder andere frisch gekeltert; im Vordergrunde die Herlinge, welche erst die Blüte abstossen oder bereits dunkel sich färben.

Schliesslich (ἔνθα) **die schmucken Beete,** die vorderste Rebenreihe entlang, mannigfaltig bestanden, das ganze Jahr hindurch prangend.

Im Garten aber entspringen **zwei Quellen,** von welchen die eine durch die ganze Pflanzung sich verzweigt, die zweite nach anderer Richtung unter die Schwelle des Hofthores hin nach dem ragenden Palaste sich ergiesst, der Brunnen, aus welchem die Bürger zu schöpfen pflegten. Über solche Pracht verfügte Alkinoos — der Götter herrlichste Gabe! (7, 112).

Die gegenseitige Übereinstimmung bedarf keines Hinweises. **Obst, Wein, Würze und Doppelquelle,** Fülle und Herrlichkeit, Ernte um Ernte. Den einzigen Störenfried repräsentiert der Birnbaum, welcher weder im hohen Liede, noch überhaupt in der hl. Schrift vorkommt (pyrus, 2. Kön. 5, 23 bedeutet Thränenbalsamstaude), anderseits selbst in Griechenland bis heute nicht heimisch geworden ist, wenn wir absehen von der unbrauchbaren Holzbirne *(ἀχράς)*, welche allerdings neben der Eichel schon den alten Arkadiern zur Nahrung gedient haben soll.

12. Name der Braut.

Die hebräische Namensform Shulammîth wird gewöhnlich von Shunammîth *(Σουναμῖτις)* abgeleitet und bezeichnet demnach die Braut des hohen Liedes als das Mägdlein aus Galiläa. Die Stadt Shunêm war nämlich im südlichen Galiläa gelegen.

Andere nehmen Shulammîth für Shelomîth, Friderica, wodurch die Braut dem Geliebten völlig gleichgestellt wird an Charakter, Gesinnung und Befähigung, gerade wie in der Dichtung Arete das ebenbürtige Abbild ihres Gatten geworden. Shelomîth und Nausikaa aber lassen sich hinsichtlich ihrer Wortbedeutung direkt gegenüberstellen, indem hebr. Shalâm und griech. καίνυται sich beide übersetzen lassen durch insignis fuit.

Vielfach wird die Braut im hohen Liede mit der Sunamitin Abishăg als dem schönsten Mägdlein in allen Grenzen Israel's (3. Kön. 1, 3) identifiziert. Wenn aber König Salomon die ehemalige Pflegerin des alternden Vaters zur Braut sich erkoren, so mochte es dem neuen Verhältnisse der Erwählten nur entsprochen haben, wenn die Überlieferung nachträglich Abishăg nicht mehr für die Dienerin, sondern für die wirkliche Tochter Vater Davids erklärte, eine Annahme, durch welche die Angabe Homers verständlich würde, dass der göttergleiche Männerreihendurchbrecher eine Tochter hinterlassen, welche der geistesstarke Alkinoos zu seiner Gattin erwählt (7, 65).

Gedenken wir weiterhin der Klage Davids um den Tod seines ersten Sohnes von der Gattin des Urias, jener herzzerreissenden Klage, welche dem mythischen Abstieg des Orpheus in die Unterwelt zu Grunde liegt (descendam lugens in infernum) und gerade infolge ihrer Überschwenglichkeit leicht dahin gedeutet werden konnte, dass Vater David seinen einzigen Sohn beweinte, so bekommen wir wenigstens einen schwachen Anhaltspunkt für die Angabe des Dichters, dass Rhexenor keinen Sohn hinterlassen (7, 64), eine mythische Erklärung, welche in so schroffem Gegensatze steht zu den historischen Worten Vater Davids': „Viele Söhne hat mir der Herr gegeben (2. Paral. 28, 5).

13. Die zwölf Stammfürsten.

„Zwölf ausgezeichnete Könige walten als Fürsten

unter dem Volke, der dreizehnte aber bin ich selbst (Alkinoos, 8, 390). Diese zwölf Fürsten und Herrscher (ἡγήτορες ἠδὲ μέδοντες), diese von Zeus begnadeten Könige (7, 49), welche zugleich βουληφόροι (Berater) genannt werden (13, 12), lassen nicht etwa auf ein schlichtes Gemeindewesen schliessen, dessen Älteste u. Ratsherren sie bilden würden, sondern auf ein ganzes Volk, welches in zwölf Fürstenkreise sich teilt. Die Fürsten aber hinwiederum standen unter dem Scepter des geistesstarken Königs Alkinoos, welcher über alle Phaeaken gebot: ὃς πᾶσιν Φαιήκεσσιν ἄνασσεν (7, 10).

Die Überleitung auf das Volk Israel ergiebt sich von selbst. Die Zwölfzahl der Stämme führt sich bekanntlich zurück auf die zwölf Söhne Jakobs. Die Söhne Jakobs aber und ihre Rechtsnachfolger als Stammeshäupter hiessen Fürsten Israels (duodecim principes Israel, 4. Mos. 1, 44), Fürsten der Gemeinde (principes synagogae, οἱ ἄρχοντες Ἰσραήλ, 4. Mos. 4, 34) anderseits die Ältesten Israels (seniores Israel, 2. Mos. 3, 16), da sie zugleich Volk und Gemeinde repräsentierten. Diese Ältesten aber hat König David in ihrer Würde als Reichsstände bestätigt, zum Heile des Volkes nicht nur während der Königsherrschaft, sondern auch im Exil und nach der Rückkehr in das Vaterland.

Ich hebe es mit vollem Nachdruck hervor, dass für ein Duodecimvirat im historischen klassischen Altertum nirgends eine Spur zu entdecken ist. Die mythischen Dynastieen Alt-Attika's nämlich können deshalb nicht in Betracht gezogen werden, weil sie zugleich mit der ganzen Theseus-Sage auf den gleichen Ursprung zurückzuführen sind, auf welchen die Unterkönige der Phaeaken hinweisen, auf die zwölf Stammesfürsten des Volkes Israel.

14. Zusammenstellung der zahlreichen Lichtpunkte.

a. Örtlichkeiten: Der Schild auf nebelgrauer See (Wall von Tyrus), Poseidâon auf den Solymer Höhen, die nie versiegenden Waschgruben, der altehrwürdige Tempelplatz, der schmale Zugang zur Stadt, der herrliche Doppelhafen, die Lieblichkeit Scheria's, die Pracht des königlichen Palastes, der wunderbare Feengarten (Obst, Wein, Würze, Doppelquelle).

b. Nationale Entwicklung. Knechtung und Auswanderung, Landesverteilung, königl. Bauten, das Friedensglück, die Absonderung gegen Fremde, unmittelbarer Verkehr mit den Göttern, die Drohungen Poseidâon's, Verehrung des Gottes Hermes, die Geleitschaft, der Seesport, die Nebelwolke der selbstleitenden Schiffe, die Freuden der Geselligkeit, die Waschungen, der Verzicht auf Waffengänge.

c. Persönlichkeiten. Nausithoos, der rüstige Wüstenfahrer, Rhexenor, der männerreihendurchbrechende Eroberer, Alkinoos, der geistesgewaltige Friedensfürst, Arete, des königlichen Gatten Ebenbild, Nausikaa, die ausgezeichnete Braut, die frohen Gespielinnen, die dienenden Brüder, die zwölf Stammesfürsten des Landes.

III.

Des göttlichen Dulders Heimkehr nach Ithaka.

„Die Insel Ithaka ist keineswegs namenlos: Kunde von ihr haben gar zahlreiche Völker, alle welche gen Aufgang der Sonne gelegen und alle hinwiederum im nebelgrauen Westen" (13, 240). Wir haben bereits oben daran erinnert, dass wohl nie ein Leser Homer's diese Worte Pallas Athenen's ernst genommen. Hier liegt demnach, so schliessen wir, entweder ein ganz eitles Gerede der Göttin und des Dichters vor, oder Ithake ist anderwärts zu suchen.

1. Die Phorkys-Bucht.

„Odysseus, welcher bislang endloses Leid erduldet in seinem Herzen, da er die Not des Männerkrieges und der wogenden See bestanden, lag in regungslosem Schlummer, enthoben jeglichen Leides. Und eben beim Aufgange des leuchtenden Morgensterns, welcher gerade in erster Linie den Strahl der frühgeborenen Morgenröte zu verkünden pflegt, näherte sich das Schiff, welches die See durcheilte, dem Lande. Es befindet sich aber eine Bucht des Meergreises Phorkys am Strande von Ithaka, zwei vorspringende Zungen, schroff nach aussen, nach dem Hafen sich senkend (13, 90).

Es sei schon hier darauf hingewiesen, dass mit einem zweiten und dritten Hafen Ithaka's ernstlich nicht zu rechnen ist, indem sowohl die auswärtige (ἐπ᾽ ἀγροῦ, 1, 185) Landungstelle Rheithron (Strömung), als auch die sehr tiefe Anfahrt bei der Stadt (16, 324) vom Dichter nicht der geringsten Schilderung gewürdigt worden.

Wo mochte also unsre Phorkys-Bucht gelegen sein? Auf dem heutigen Eilande Thiaki sicherlich nicht, was die Kommentare Homers am besten selbst bestätigen, da sie buchstäblich alle vier Himmelsrichtungen des ithakesischen Strandes in Vorschlag gebracht haben.

Meines Erachtens scheint schon die Thatsache, dass Vergil Bucht und Grotte in sein Epos aufgenommen (Aen. 1, 159), eine allgemeine Berühmtheit der sagenhaften Örtlichkeit vorauszusetzen.

Begleiten wir daher unseren ruhenden Helden nicht von Kerkyra nach Ithaka, sondern von Tyrus nach Jaffa, zumal die Entfernung ungefähr die gleiche ist.

Japhô, die Schöne, deren ausgedehnte Orangenhaine auf zwei Meilen Entfernung den ankommenden Seefahrer mit dem Dufte ihrer Blüten begrüssen, zählt zu den ältesten Wohnstätten der Menschheit (der ältere Plinius und Pompon. Mela setzen beide ihre Gründung vor die grosse Flut) und hat demnach berechtigten Anspruch auf eine reiche Sagenwelt, weshalb mir eine ausgedehntere Abschweifung hier gestattet sein mag.

Nach einer Angabe des älteren Plinius (Nat. hist. 5, 14) ward in Alt-Jaffa die Fischgöttin Keto verehrt, also die Schwester und Gattin unseres Phorkys. Es pflegt aber der Kult von Wassergottheiten auf Seegefahr schliessen zu lassen, eine Annahme, welche besonders für Jaffa zutreffen mag, da nach einer Überlieferung des Stephanos aus Byzanz Andromeda eine Tochter Jope's in Jaffa gewesen und bei drohender Überschwemmung zur Sühne für die Überhebung der Mutter gegenüber den Nereïden dem Ungeheuer der See hingegeben werden musste.

Merkwürdigerweise aber bezeichnet die Überlieferung anderseits Jaffa als jene Stadt, in welcher Noah, der Gerechte, auf Befehl Gottes die Arche erbaut hat.

Nachdem ich schon früher den biblischen Bussprediger und Retter des Menschengeschlechtes als das historische Prototyp des mythischen Weltwohlthäters Nysos (Dionysos) erklärt hatte, gereicht es mir zu nicht geringer Befriedigung, nunmehr Anhaltspunkte gefunden zu haben für die Vermutung, dass die Heimstätte der historischen Rettungsarche zugleich für die ursprüngliche Wohnstatt des mythischen Segenspenders zu halten ist.

Nehmen wir zuerst den Bericht Diodor's (4, 2). „Zeus übergab das Knäblein dem Hermes (διάκτορος) mit dem Befehle, dasselbe in die Höhle zu Nysa zu verbringen, welche **Stadt zwischen Phoenikien und dem Nil** gelegen ist, und es den Nymphen zur Erziehung zu übergeben, welche seiner auch aufs beste und mit allem Eifer pflegten."

Ganz ähnlich lautet die Darstellung Homer's (hymn. 26, 8). Nicht Ikaros noch Naxos, nicht Elis, nicht Theben lässt der Dichter als die Geburtstätte des Dionysos gelten.

„Vielmehr hat ihn der Vater der Götter und Menschen fern von Menschen aus der Hüfte befreit. Nysa nämlich liegt auf hohem Berge, in blühender Waldung, von Phoenikien fern, doch nahe dem Strome Ägyptus."

Der Dichter verlegt seine Stadt Nysa allerdings auf arabischen Boden, wie andere in die Marken Aethiopiens; indes die Dehnbarkeit der beiden Ländernamen ist hinlänglich bekannt.

Die sagenhaften Aethiopen lassen sich nachweisen vom Indus bis zum Juba; trotzdem haben sich die Überlieferungen über *Αἰθιοπίη* gerade auf unsere Stadt *Ἰόπη* zumeist concentriert.

Noch weiter geht die bekannte Angabe bei Tacitus (hist. 5, 2), dass die Juden, also die Bewohner des Landes Palästina, allgemein als Aethiopum proles angesehen werden.

In gleichem Sinne ist der Bericht Diodor's aufzufassen, dass die Opfer der Aethiopier (des Volkes Israel), den Gottheiten die angenehmsten gewesen, nachdem der Ruf ihrer Frömmigkeit durch alle Menschenvölker gedrungen, ganz in gleichem Sinne schliesslich die Angabe Homers, dass Poseidâon bei den fernweilenden Aethiopen die Festopfer von Stieren und Widdern entgegengenommen, am Mahle sich zu laben (Od. 1, 22).

Gleich dehnbar hat sich jederzeit die Namensbezeichnung des Landes Arabien erwiesen, welches einerseits mit der Sinai-Halbinssl (Arabia Petraea und Madjan) un mittelbar an Ägypten angrenzt, anderseits eine gewisse Strecke der Küstenlinie zwischen Ägypten und Palästina meist zu behaupten wusste.

Kehren wir zurück zur Darstellung Homers.

Nysa liegt auf hohem Berg, gleichwie Jaffa auf hohem Hügel amphitheatralisch aufgebaut war, in blühender Waldung, gleichwie in Jope die blumenreiche Ebene Saron mit einem Walde von Orangen, Granaten, Bananen und Palmen bestanden war.

Die weitere Angabe, „von Phoenikien fern, doch nahe dem Strome Ägyptus," soll offenbar nur den Unterschied der beiderseitigen Entfernungen kennzeichnen und also bestätigen, dass Jaffa der ägyptischen Grenze näher gelegen als der phönikischen.

An dritter Stelle erwähnt Herodot Nysa als Wohnstätte des Dionysos, oberhalb Ägyptens in Äthiopien gelegen (2, 146). Es wohnten aber die an Ägypten angrenzenden Äthiopen **um die heilige Nysa,** und sie feierten Feste dem Dionysos (3, 97).

Demnach nennt der Geschichtschreiber Nysa geradezu die heilige Stadt.

Wenn Kadytis, welches Nechao, König von Ägypten. als grosse Stadt in Syrien erobert (2, 159), und welches zur Zeit des Amasis als ganz bedeutende Küstenstadt, an der syrischen Grenze gegen Ägypten gelegen, erwähnt wird (3, 5), nicht mit Gaza (assyrisch Haziti) zu identifizieren wäre, welches freilich nahezu anderthalb Stunden von der Küste entfernt war, möchte sich mir die

Versuchung aufdrängen, die heilige Nysa und Kadytis (hebr. kadôsh, heilig) zusammenzuhalten. Denn geheiligt wird Nysa auch von der ägyptischen Sage aus, welche das Grab des ägyptischen Dionysos (Osiris) gleichfalls nach Nysa verlegt (Diod. 1, 27).

Die Bedeutung Jaffa's als Küstenstadt aber mögen wir schon aus der einfachen Angabe der hl. Schrift erschliessen, dass Jonah, der Prophet, in Joppe sich einschiffte nach Tartessos, eine Angabe, welche die umfassende Handelsthätigkeit der Stadt zur Genüge bekundet (Jon. 1, 3).

Fassen wir demnach unsere Gleichung **Nysa-Jaffa** begründend zusammen.

In Frage steht eine sagenumwobene, altehrwürdige Küstenstadt, zwischen Phoenikien und dem Nil, doch näher bei Ägypten gelegen, auf ragender Höhe gegründet, von blühendem Walde umgeben, nach allgemeiner Völkertradition zugleich die geheiligte Heimstatt des mythischen Weltwohlthäters und Segenspenders Dionysos.

Ein Blick auf die Karte und ein Griff in die Überlieferung führen beide auf unser **Jaffa,** woselbst die Rettungsarche erbaut (Noah gleich Nysos), Andromeda der Flut geopfert und in der Folgezeit die Meergöttin Keto, die Schwester und Gattin des Phorkys, verehrt worden.

Nach dieser ausgedehnten Abschweifung kehren wir nunmehr zurück zur homerischen Bucht des Meergreises Phorkys, zur Rhede von Alt-Jaffa, dem Teiche des Mondes.

„Im Hafen aber liegen die wohlumbordeten Fahrzeuge fest ohne Fessel, sobald sie den Landungspunkt erreicht“ (13, 100); also eine flache Rhede, wie eine solche für den Bau der Arche erforderlich gewesen war, ein Ankerplatz allerdings, welcher, weil beständigem Südostwind ausgesetzt, mit den Jahrhunderten versanden musste, so dass heutzutage bei unruhiger See jede Landung unmöglich ist.

„Am Ausgangspunkte des Hafens aber steht ein Ölbaum (vergleiche unten die ragende Terebinthe von Sichem) mit langgestreckten Blättern“ (13, 102). Ob Homer den Ölbaum aus Anschauung kannte, lässt sich aus der Dichtung nicht erschliessen. In den Trümmern von Alt-Mykene sollen sich Olivenkerne vorgefunden haben. Immerhin mag der Ölbaum an der Phorkys-Bucht uns an die Thatsache erinnern, dass die Oliven von Jaffa als die besten der ganzen Levante galten.

Indes vermag der „edelste Wohlthäter des Orientalen“ mit seinem zerrissenen Krummstamm und den fahlgrünen, länglichen Blättchen keinen besonderen Reiz auf das Auge auszuüben. Unverständlich bleibt das homerische Attribut τανύφυλλος, welches wohl angebracht wäre, wenn es sich um Bananen (Paradiesfeigen) handelte, wie solche heutzutage in Jaffa die Bewunderung des Europäers erregen durch ihre Riesenblätter von mehreren Metern Länge.

2. Die Nymphen-Grotte.

„In der Nähe des Ölbaumes aber befindet sich die heilige, liebliche, dämmernde Grotte jener Nymphen, welche sich Najaden nennen“ (Wassernymphen, 13, 104). Also auch bei Homer die heilige Nysa, die heilige Nymphengrotte.

Gleichwie nämlich Vater Noah vier dienende Frauengestalten in der Arche um sich hatte (1. Mos. 7, 7; 1. Petr. 3, 20), so Nysos in seiner Grotte die pflegenden Nymphen.

Beschreiben wir erst die nysäische Nymphengrotte nach Diodor (3, 68).

Von herrlichem Äther umflutet, angethan, des Menschen Lebensjahre zu dehnen, strotzt das Gelände von wunderbarer Fruchtbarkeit. Üppiger Wein rankt sich empor an schattigen Bäumen, mit Frucht oder Blüte beladen, im Gezweige die farbenprächtigsten Sänger, zu Füssen der köstlich süsse Quell und der Wohlgeruch unvergänglicher Blumen. Landeinwärts die Höhle von wunderbarer Grösse und Schönheit, ein Gestein von aller Farben Ton, der Zugang erschwert, hohlwegartig und dämmernd. Doch alsbald weitet sich die Höhle und leuchtet im hellsten Sonnenglanz; die Lagerstätten der Nymphen aus Blumen von der Natur bereitet, wie es für göttliche Wesen sich ziemt. Hier ward Nysos erzogen, unter Beihilfe Athenens, der Göttin der Weisheit.

Vergleichen wir nunmehr die Umgebung der Nymphengrotte Diodor's mit dem Gelände von Jaffa. **Der Blumenflor** der Saronebene bei Jaffa ist in der hl. Schrift sprichwörtlich geworden. Wenn die Braut des hohen Liedes (Cant. 2, 1) mit der Herbstzeitlose und der Lilie der Saronebene verglichen wird, soll gerade die Unvergänglichkeit ihres Blütenschmuckes hierdurch dargethan werden, indem die Herbstzeitlose die Winterflora repräsentiert, die Lilie aber die Pracht des Sommers.

Der thonhaltige, weissrote, ehedem angeschwemmte Sandboden zeigt eine merkwürdige Fruchtbarkeit. Den grünen Rasen ersetzt ein wohlriechendes Immergrün, dazwischen die blendend weisse Lilie, die gelbe Cistrose und die glutrote, in allen Farben schimmernde Anemone. Die Lilie Sarons ist bekanntlich in das Wappen der Kreuzfahrer und Frankreichs übergegangen (Vergl. Jungfrau von Orleans).

Über den Blumenteppich aber ragen die Haine von Orangen, Citronen, Granaten, Bananen, Melonen, Pfirsichen, Palmen und Terebinthen, während anderwärts die Rebe mit ihren breiten Blättern und süssen Trauben den Boden völlig überwuchert.

Was schliesslich die farbenprächtigen Sänger anbetrifft, so sei daran erinnert, dass in späteren Zeiten die Reisenden auch in der Saronebene die Palästina-Nachtigall zahlreich vorgefunden haben.

Nunmehr die Nymphengrotte nach Homer. „In der Grotte aber befinden sich Weinkrüge und doppelhenklige Urnen von Stein, in welchen ehedem (ἔπειτα) die Bienen zu nisten pflegten; weiter ragen in der Höhle versteinerte Webstühle von mächtiger Breite, an welchen die Nymphen — o Wunder des Anblickes! — die meerpurpurnen Tücher bereiteten. Und drinnen sprudeln Quellen, welche nimmer versiegen.

Ein doppelter Eingang zur Höhle aber bietet sich dar, der eine von Norden, für Menschenkinder bestimmt, welche niedersteigen zum Strande, von Süden aber der andere, der Zugang der Götter, welchen keinen der Erdensöhne je betreten, den Pfad der Himmelsbewohner" (13, 105).

Die Pflegerinnen des Nysos hatten also ehedem ihrem Schützlinge im trauten Heim am Webstuhle eigenhändig die Gewandung bereitet. Als Symbol der Erstlings-Nahrung aber hat in der Poesie von jeher der Honig gegolten. Melissen (Bienen) nannten sich die Hüterinnen des Zeusknäbleins, Melissen die Priesterinnen Demeters und der ephesischen Artemis, Bienenkönig (ἐσσήν, ' Weisel) ihr Oberpriester, Melissen endlich die Nymphen selbst.

Die Weinkrüge anderseits scheinen für den künftigen Gott des Weines den würdigen Trank schon in den Tagen der ersten Kindheit geliefert zu haben.

Die Schwierigkeit des Zuganges, welche bei Diodor noch deutlicher hervortritt als bei Homer, mag auf jenen Zug der Nysos-Sage zurückzuführen sein, dass der Aufenthalt des Knäbleins vor der eifersüchtigen Hera verborgen bleiben musste. Indes auch nach der Schilderung Homers bleibt die Annahme keineswegs ausgeschlossen, dass die sagenhafte Grotte von der ursprünglichen Überlieferung nur mit einem versteckten Zugange bedacht war und erst die sagenhafte Kultusstätte für den Menschenverkehr zugänglich dargestellt wurde.

Wesentlich anders allerdings zeigt sich das Gepräge der Darstellung bei Homer, wesentlich anders bei Diodor. Hier die Vorwelt, dort die Nachwelt, hier die leibhaftigen Pflegerinnen des Nysos, dort ihr sagenumwobenes Gestein, hier das Rot, dort der Tod, hier der Zauber, dort der Moder.

Während bei Diodor die Grotte im hellsten Sonnenglanze leuchtet, musste Athene in der ragenden, dämmernden Höhle tastend und spähend die geeignetsten Verstecke für die reichen Gaben der Phaeaken ausfindig machen (13, 367).

Irgendwelche Gründe für die Versteinerung der Nymphengrotte und ihrer schlichten Einrichtung lassen sich aus dem Texte der Dichtung nicht ableiten. Ob etwa an die Einwirkung des Medusenhauptes zu denken ist, welches Perseus hierher gebracht, da er Andromeda befreite, mag kaum zu entscheiden sein. Merkwürdig scheint es mir immerhin, dass das Geleitschiff der Phaeaken, nachdem es die Stätte der versteinerten Grotte verlassen, unterwegs durch Poseidâon gleichfalls in Stein verwandelt worden ist.

Welche Anhaltspunkte lassen sich nunmehr, um schliesslich zur Hauptfrage zu kommen, für die wirkliche Örtlichkeit der sagenhaften Nymphengrotte gewinnen?

Beantworten wir unsere Frage durch den Hinweis, dass die Persönlichkeit, deren Andenken der Mythus von der Nymphengrotte rege erhalten, an der Grenze menschlicher Tradition und Rückerinnerung gestanden, dass also zur Zeit Homer's die Nysos-Sage annähernd ein Alter von zweitausend Jahren aufzuweisen hatte. Bei solcher Distanz aber war der Dichter berechtigt, die Örtlichkeit selbst dem Zahne der Zeit zu opfern und nur zu bauen auf das ehrwürdige Alter und die breite Grundlage des Mythus, welcher nach allen Landen seine Kreise geschlagen und zwar Kreise um das gemeinsame Centrum von Jaffa, wenngleich sich daselbst keine Spuren einer Nysos-Höhle nachweisen lassen.

Indes scheint der Dichter der Thatsache, dass er,

ohne auf eine historische Örtlichkeit sich stützen zu können, trotzdem der reichentwickelten Nysos-Sage, zumal an ihrem Concentrationspunkte, sich nicht zu entziehen vermochte, dadurch genugsam Rechnung getragen zu haben, dass er die Grotte in den Zustand völliger Undurchdringlichkeit für das Auge versetzt hat, eine Darstellung, welche ich dem unumwundenen Zugeständnisse gleichstelle, dass die Weinkrüge und Urnen und Bienen und Webstühle und Nymphen und Quellen und Zugänge und Opfer (13, 350) dem Bereich der Sage angehören.

„Vor dieser Höhle (ἔνθα) landeten die Phaeaken, welche die Bucht längst kannten (Tyrus-Jaffa) und legten Odysseus, noch versunken in Schlaf, wie er war, mitsamt dem schimmernden Laken und Kissen auf den Sand (Saron-Ebene) nieder“ (13, 113).

Übergehen wir vorläufig die Erscheinung Athenens und die Schilderung des Geländes, und begleiten wir unseren Helden auf dem Wege zu seinem getreuesten Diener.

3. Das Landgut.

„Er aber verliess den Hafen und schritt hinan den rauhen Pfad durch waldiges Gelände inmitten der Bergesgipfel entgegen dem Orte, allwo nach der Angabe Athenen's der wackere Sauhirt weilte, welcher am getreuesten aus allen Knechten, die im Dienste des trefflichen Odysseus standen, um dessen Habe sich mühte“ (14, 1).

„Und er traf ihn freilich an, im Vorhause sitzend; es war nämlich daselbst auf völlig geschütztem (περίσκεπτος) Gelände die ragende Hofmauer gezogen, herrlich und gewaltig sich dehnend; sie hatte der Sauhirt aus eigenem Antrieb errichtet für die Schweine des fern weilenden Gebieters, ohne Auftrag von seiten der Herrin oder des greisen Laertes“ (14, 5).

Auch wir verlassen den Hafen und die heilige

Nysa und betreten nach Osten jenen Gebirgspfad, welchen später die Römer sich erwählt zu ihrer Strasse von Jaffa über Ras-El-Ain, Dikrîn und Abûd nach Gophna (heute Djifna), quer durch das südliche Waldgebirge Ephraim.

Die Höhen sind sämtlich bestanden vom dichten Buschwerke der immergrünen, fruchtreichen Steineiche, welche hier und dort wirkliche Baumeshöhe erreicht.

Nach einem tüchtigen Marsch von sieben Stunden gelangen wir in einen Thalkessel, offen nach Nordwesten, hoch umschlossen nach Südosten. In diesen Nordostabhang eingebettet finden wir die Ruinen von Tibneh, die Reste der alten Stadt Thimnath-Chĕres, der eigentlichen Heimat und Besitzung unseres grossen Jehoshûagh (Odysseus).

Die hl. Paula, jene edle Römerin, welche ihr Geschlecht auf die Gracchen und Scipionen zurückführte, konnte sich nicht genugsam wundern, dass derjenige, welcher das verheissene Land an die einzelnen Stämme verteilte, für sich selbst eine solche Gebirgskluft auserwählt.

Bedeutungslos indes war Thimnath-Chĕres noch zur Zeit der idumäischen Herodier nicht geworden, aus welcher wir Thamna als Hauptort einer römischen Toparchie kennen. (Jos. bell. jud. 3, 3, 5).

Die hl. Schrift unterscheidet unser Thimnah von den Städten gleichen Namens in Judäa durch den stereotypen Beisatz „auf dem Gebirge Ephraim nördlich vom Berge Gargash“ (Vorsprung; Jos. 24, 30; Jud. 2, 9; für die Transkription vergleiche Gesenius-Kautzsch, hebr. Gramm. pag. 28), welcher gerade den erwähnten Thalkessel von Südosten umschliesst.

Beanspruchen wir für die erste Radicalis, Gîmel, die Lautverschiebung, transkribieren wir die zweite, Ajin, als schnarrende Gutturalis nach arabischer Aussprache durch r (statt rg oder gh), und setzen wir die dritte, Shîn, gleich x, wie beispielshalber altpersisches khshjârshas gleich Xerxes geworden, so steht die hypothetische Form *Κᾶραξ* der homerischen Bezeichnung *κόραξ* gegenüber, während anderseits die bezeichnete Örtlichkeit vollständig der Darstellung des Dichters entspricht.

Drei Herden befinden sich draussen auf der Weide (14, 26), am Felsen Korax und bei der Quelle Arethusa, woselbst sie endlos sich laben an Eicheln und schlammigem Wasser (13, 408). Die Hirten waren aber nach verschiedenen Richtungen weggezogen (14, 25), um abends wieder einzutreiben (14, 410).

Demnach mochte sich die ausgedehnte Weide über den weiten Rücken und Südabhang des Berges Gârash erstreckt haben, woselbst der Bach gleichen Namens (2. Kön. 23, 30; 2. Paral. 11, 32) nach Westen abfloss. (Auf der Höhe befindet sich heute das Dörfchen Deir-Ed-Dham mit uralten Cisternen).

Das Anwesen des Odysseus aber muss auf dem geschützten (14, 6) Nordabhange gesucht werden.

„Innerhalb der Hofmauer befinden sich die zwölf Ställe für die Mutterschweine. Die Eber jedoch mit glänzendem Hauer, 360 an Zahl, lagerten draussen und zwar abwärts in räumiger Felsgrotte, gegen den Nordwind geschützt (14, 533). Dass diese Örtlichkeit unweit der eigentlichen Durchgangstrasse des Thales gelegen sein mochte, deutet der Dichter zur Genüge an, da er uns mitteilt, wie Eumaios sich wappnet, ehe er zur Nachtwache schreitet: Mantel und Ziegenfell gegen den Nachtfrost, Schwert und Speer gegen Diebe und Hunde.

Den Hauptnachdruck lege ich auf die räumige Felsengrotte unweit der Landstrasse. Daselbst nämlich befinden sich als Reste einer alten Totenstätte in verschiedenen Abstufungen acht bedeutende Aushöhlungen, die grösste mit einer länglichen Vorhalle, vermutlich das Grab unseres grossen Jehoshûagh.

Hier am Nordabhange des Berges Gârash ist demnach auch die eigentliche Heimat des mythischen Odysseus zu suchen, „der gastliche Tisch und der Herd des trefflichen Odysseus", wie er selbst in Bettlergestalt bei Ablegung des Eides versichert (14, 158).

Die Entfernung von der heiligen Nysa (Jaffa) entspricht gleichfalls der Darstellung des Dichters. Odysseus war in der Frühe aufgebrochen, legt den siebenstündigen, beschwerlichen Marsch zurück, wird von Eumaios bewirtet, und nach gegenseitiger Aussprache kommen alsbald die Hirten von der Weide zurück (14, 410) — ein volles Tagewerk!

Doch wenn die Schweine nicht wären, welche zwar die Klauen spalten, aber nicht wiederkäuen, also für die Israeliten zu den unreinen Tieren zählten!

„Ihr Fleisch sollt ihr nicht essen und ihr Aas nicht berühren" (Deuter. 14, 8). Mehr war den Juden nicht verboten, und es mochte die ausgedehnte Verbreitung der Steineiche, welche von Hebron bis an den Fuss des Libanon die ganze Hügelkette Westpalästina's überzog, von selbst zur Schweinezucht aufgefordert haben, zumal mit der Entwicklung des Handels nach dem Westen die Schweinezucht in Syrien und Palästina sich als vorteilhaft erweisen musste, wie solches die späteren Gerasener (Matth. 8, 30) zur Genüge bekundeten.

Wir brauchen aber gar nicht so weit zu gehen; der Dichter mag heimische Verhältnisse hierher übertragen haben, zumal das Steineichengebüsch Ephraim's sich poetisch nur für die Schweinezucht verwenden liess.

4. Der Felsenbrunnen.

Die Entfernung vom Hofgut zur Stadt scheint nach der Darstellung des Dichters keineswegs unbedeutend zu sein. Nachdem der Wirt seinen Gast darauf aufmerksam gemacht hatte, dass die Stadt weit entfernt gelegen (17, 25), erklärt sich Odysseus zum Marsche bereit, sobald er selbst sich am Feuer durchwärmt und der Sonnenstrahl den Morgenfrost gemildert (17, 23).

Schon bald darauf mahnt Eumaios wiederholt zum Aufbruch, da der Tag bereits völlig erstanden (μέμβλωκε μάλιστα, 17, 190), die Abendzeit aber schnell frostig werde. Somit haben die beiden Wanderer nach den ausdrücklichen Worten des Dichters einen kleinen Tagemarsch vor sich, wie sie denn auch erst etliche Stunden nach Mittag im Palaste ankommen.

Dass anderseits Eumaios bereits mit dem sinkenden Tage hinwiederum zur Rückkehr sich anschickte, um zur Nachtzeit den ganzen Weg zurückzulegen, widerspricht weder irgendwie ländlicher Gepflogenheit, noch weniger dem Charakter des rastlosesten und pflichtgetreuesten aller Knechte.

Anders scheint sich die Sache mit Telemach zu verhalten, welcher die gleiche Strecke wie im Fluge zurückzulegen vermag, da er von seiner Landungsstelle unweit der Stadt mit dem ersten Strahl der Morgenröte aufgebrochen war (15, 495) und doch schon das Gehöfte betrat, als Eumaios mit Anbruch der Morgenröte das Frühmahl rüstete (16, 2). Auch die Rückkehr zur Mutter geht merkwürdig rasch von statten. Verderben sinnend den Freiern eilt Telemach durch das Hofthor, schreitet hurtig dahin und langt vor dem herrlich gelegenen Palaste an, also Aufstieg und Rückkehr, beides ein Werk des Augenblickes, gleichwie beim ewigen Götterboten Hermes.

Übrigens mag die anerkannte Selbständigkeit des Eumaios gerade durch die weite Entfernung des Landgutes von der Stadt hinreichend motiviert erscheinen.

Der Abstieg selbst wird als recht beschwerlich geschildert, weshalb Odysseus sich einen roh behauenen Knüttel zur Stütze auf dem holperichten Wege (17, 196) erbittet.

„So schritten sie den Weg hinab im ewigen Zickzack und gelangten, der Stadt bereits nahe, zu jenem mächtig gefassten, herrlichströmenden Brunnen, aus welchem die Bürger zu schöpfen pflegten.

Ihn hatte **Ithakos** erbaut und Neritos und **Polyktor**“ (17, 207).

Hiermit sind wir vor dem zweiten denkwürdigen Runensteine angelangt, vor welchem der Menschengeist gleichfalls Jahrtausende hindurch achtlos vorbeigezogen.

Doch greifen wir vorerst auf die homerische **Schilderung Ithaka's** zurück.

„Keineswegs so ganz namenlos ist das Land; Kunde von ihm haben gar zahlreiche Völker, alle welche gen Aufgang der Sonne gelegen, und alle hinwiederum im nebelgrauen Westen.“

„Gebirgig zwar und ungeeignet für Pferdegespanne, doch keineswegs unfruchtbar, wenngleich nicht weithin gebreitet.“

„Im Lande nämlich blüht unsäglicher Weizen, im Lande sprosst Wein, allzeit stellt der Regen sich ein und der erfrischende Tau, trefflich die Weide für Ziege und Rind, verschiedentlich der Waldbestand, unversiegbar die Tränke (13, 238).

Soweit ich mich zurückzuerinnern vermag, haben diese herrlichen Worte mir jeweils unwillkürlich nicht Ithaka, sondern Palästina vor Augen geführt.

a. Im historischen Hintergrunde steht die ruhmreiche Heldengeschichte des auserwählten Volkes, während für ein Alt-Ithaka auch nicht die Idee eines historischen Datum sich aufspüren lässt.

b. Gebirgig. „Das gelobte Land gleicht nicht Ägypten, woselbst man in die Saat das Wasser leitet, sondern es hat Berge und Thäler und wartet des Regens vom Himmel“ (Deuter. 11, 10). „Denn Jehovah will sein Volk weiden auf den Bergen Israels (Ez. 34, 13). Sendet doch der Libanon und der Hermon seine Ausläufer nach dem fernsten Süden.

c. Ungeeignet für Pferdegespanne. Das Pferd war in Israel erst heimisch geworden unter König Salomon, da man anfing, den Heiden gleich zu werden. Noch Vater David hatte das mosaische Gesetz befolgt: „Wer zum Könige gesetzt ist, soll nicht viele Rosse halten. (Deuter. 17, 16); denn da er gegen Zobah, den König des Nordens, zu Felde gezogen, liess er neun Tausend Pferden, welche er erbeutet, die Knieflechse durchschneiden (1. Paral. 18, 4)

d. Keineswegs unfruchtbar, wenngleich nicht weithin gebreitet. Obgleich verhältnismässig klein (eine Ausdehnung von Pommern oder Posen), besass das Land der Verheissung eine Fruchtbarkeit, welche sprichwörtlich geworden ist (Tac. hist. 5, 6).

e. Im Lande blüht unsäglicher Weizen.

Der Ertrag an Weizen galt für so ergiebig, dass neben dem eigenen Bedarf das Durchschnitts-Jahr eine Ausfuhr ermöglichte, welche auf zwanzig Millionen Mark veranschlagt werden kann. „Valles abundabunt frumento et campi tui replebuntur ubertate“ (Ps. 64, 12).

f. Im Lande sprosst Wein. Auf die Rebe hinzuweisen, mag fast als überflüssig erscheinen. El-Ghor, das Salzthal, allein ausgenommen, war ganz Palästina als Weinland bekannt. So viele Städte, so viele Weinquellen, Früchte bis zum Gewicht von zehn Pfund, ragende Einzelstöcke verzweigt zum Hüttendache, die Traube das Symbol des Landes, die Rebe das Abzeichen der Häuslichkeit und des Friedens.

g. Allzeit stellt der Regen sich ein. Feuchte Seeluft, reichliche Quellen und eine Regenmenge, mächtiger als auf unserem Continente, halten der Tropenhitze des Sommers die Wage.

h. Der erfrischende Tau als Zeichen himmlischen Segens durchdringt gleichsam die ganze heilige Schrift.

Beschränken wir uns auf zwei Stellen. Der Patriarch Isaak segnet seinen Sohn Jakob mit folgenden Worten: „Det tibi Deus de rore coeli et de pinguedine terrae abundantiam frumenti et vini“ (1. Mos. 27, 28). Anderseits erinnere ich an das rührende Gebet des grossen Propheten: „Rorate coeli desuper et nubes pluant justum (Js. 45, 8). Es findet sich keine zweite Stelle in unserer Bibel, welche die ganze National-Ökonomie des auserwählten Volkes in lieblicheren Worten zum Ausdrucke brächte.

i. Trefflich die Weide für Ziege und Rind. Vom Thale Mambre aus (1. Mos. 23, 19) hat sich die Ziege über ganz Palästina verbreitet als Repräsentantin des Kleinvieh's und als Habe des Kleinbauern. Denken wir nur an die Zickleinfelle, mit welchen Jakob, um den Segen Esau's zu gewinnen, die Hände und die Blösse des Halses sich bedeckte. (1. Mos. 27, 16). Heutzutage noch liefert neben dem Huhn gerade die Ziege die Hauptfleischnahrung des Landes.

Für das Herdenvieh aber mag es genügen, auf die erwähnten Festopfer Salomons zu verweisen, da er zur Zeit der Tempelweihe dem Herrn zweiundzwanzig Tausend Rinder geopfert (3. Kön. 8, 63).

k. Verschiedentlich der Waldbestand. Palästina verfügte ehedem über die ausgedehntesten Waldungen, welche mit den Jahrhunderten einer unwirtschaftlichen Ausholzung zum Opfer gefallen. Die Verschiedenartigkeit des Holzes aber bekundet heute noch der Bestand an Steineichen, Terebinthen, Cedern, Cypressen, Johannisbrotbäumen, Tamarisken und Palmen.

l. Unversiegbar die Tränke. Die zahlreichen Tränkestellen des Landes, welche insbesondere an die idyllischen Zeiten der Patriarchen erinnern, vergegenwärtigen uns ganze Jahrhunderte israelitischer Geschichte. Bis auf den heutigen Tag sind alte Reste von steinernen

Trögen ringsum die beiden Brunnen von Beêr-Shĕbagh liegen geblieben.

Nachdem sich nunmehr in der ausgiebigen Schilderung Ithaka's nicht ein einziger Zug vorgefunden, welcher nicht voll und ganz auf das gelobte Land anwendbar wäre, scheine ich berechtigt zu sein, die drei Heroen Ithaka's gleichfalls in Palästina zu suchen.

Den nächsten Anhaltspunkt bietet selbstverständlich die Dreizahl, indem ein Zusammenwirken von drei Ahnherren aus alter Zeit an sich ungewöhnlich erscheint.

Nehmen wir aus den zahlreichen Büchern der hl. Schrift das zweite Buch Moses', so begegnen uns auf der kurzen Textstrecke von vier Kapiteln (2, 3, 4, 6) siebenmal die vereinigten Namen der drei Patriarchen Abraham, Isaak und Jakob, eine Namensverbindung, welche geläufig geblieben bis auf den heutigen Tag.

Gehen wir aus von *Πολύκτωρ*, welcher viel sich erworben, also vorher unvermögend gewesen, so werden wir uns erinnern, dass **Jakob**, als er vor dem Hasse des Bruders Esau flüchten musste zu Onkel Laban in Charân, nichts als den Wanderstab sein eigen nannte; da er aber nach zweimal sieben Jahren zum Vater zurückkehrte nach Beêr-Shĕbagh, war er zum reichen Manne geworden (ditatus est homo ultra modum) und verfügte über zahlreiche Herden und Mägde und Knechte und Kamele und Esel (1. Mos. 30, 43).

An die erwähnte Flucht knüpft sich folgende Denkwürdigkeit: Jakob ruhte auf freiem Felde vor der Stadt Lûs, das Haupt auf einem Steine, und er schaute im Traume die Himmelsleiter und die Herrlichkeit des Herrn. Und des Morgens errichtete er den Stein zum Zeichen und goss Oel darauf und nannte den Namen der Stadt **Bethêl** (Haus Gottes, 1. Mos. 28, 18).

Dieser Stein des Patriarchen zu Bethêl taucht in der hellenischen Sage wieder auf, und zwar zunächst in dem keilförmigen **Baetyl**-Steine zu Delphi, welcher täglich mit Öl gesalbt wurde, dann weiterhin überhaupt in dem ausgebreiteten späteren Kult der fetten Steine in Griechenland (Baetylen).

Da sich für die Erklärung des Namens *Ἴθακος* keine etymologischen Anhaltspunkte darbieten, mag die Vermutung berechtigt sein, dass er ein Lehnwort repräsentiert, und es wird wohl nicht schwer fallen, in demselben den hebräischen Eigennamen **Jizchâk** (Ithak-us, *Ἰσαάκ*) wiederzuerkennen.

Πολύκτωρ und *Ἴθακος* gelten nach der Sage als Söhne des *Πτερέλαος*, welchem Poseidon zur Bürgschaft der Unsterblichkeit ein goldenes Haar auf dem Haupte eingesetzt hatte.

In dem seltsamen Wortgebilde *Πτερέλαος* aber vermute ich eine an sich ungriechische, gleichsam mechanische Wiedergabe der hebräischen Namensbezeichnung **Abrahâm**, pater multitudinis (1. Mos. 17, 5; vergl. arab. rohâm, multitudo). Ganz unerhört wäre die Bildung doch nicht, wenn wir beispielshalber *πατριάρχης* als Erzvater vergleichen; so *Πτερέλαος* als Volksvater.

Es schloss nämlich der Herr mit Abram einen ewigen Bund (1. Mos. 17, 7), ihm das Land Kenăghan zum ewigen Besitze zu geben (1. Mos. 17, 8). Kurz vorher aber war über den Patriarchen im Schlafe grosser Schrecken der Finsternis gekommen (1. Mos. 15, 12), und ein rauchender Ofen erschien, und eine Feuerflamme (lampas ignis) fuhr zwischen jenen Opferstücken hindurch (1. Mos. 15, 17).

In dieser plötzlich hervorbrechenden Stichflamme mitten im Rauche der Finsternis, in diesem Zeichen göttlichen Lichtes und Schutzes für den ewigen Bund Abrahams und sein gelobtes Land vermute ich das historische Prototyp für das goldene Haar auf dem Haupte des Taphierkönigs, das Abzeichen der Unsterblichkeit und den Talisman des Königreiches.

Πτερέλαος sollte jedoch weder unsterblich bleiben, noch sein Land besitzen, denn die eigene Tochter *Κομαιθώ*

(Brandhaar, eine Bezeichnung, welche auf das historische Prototyp des goldenen Haares auf dem Haupte des Vaters ein Schlaglicht wirft), schneidet es ab aus Liebe zu Amphitryon.

So war Abraham nicht persönlich unsterblich, sondern ewig nur sein Bündnis mit dem Herrn, welcher ihm zugleich mitverkündet: „Du selbst aber wirst im Frieden zu deinen Vätern gehen und in gutem Alter begraben werden" (1. Mos. 15, 15).

Durch diese an sich berechtigte Auszeichnung und Absonderung des *Πτερέλαος* war das ursprüngliche Triumvirat auf ein ungewohntes Duumvirat beschränkt worden, welches hinwiederum die Macht der Gewohnheit bald genug zur Dreizahl ergänzt haben mag, indem die Überlieferung, sobald sie fälschlich *Ἴθακος* als Eponymos zu *Ἰθάκη* erklärte, sich entsprechend ihren Anherrn *Νήριτος* geschaffen als Eponymos des Hauptgebirges *Νήριτον*.

Nunmehr hätten wir in Palästina eine Örtlichkeit zu suchen, welche in hervorragendem Masse denkwürdig geworden einerseits durch die drei grossen Patriarchen Abraham, Isaak und Jakob, anderseits durch Jehoshûagh, das historische Prototyp unseres mythischen Helden von Ithaka. Es lässt sich aber diese Örtlichkeit mit grösster Wahrscheinlichkeit feststellen; denn nur **der Nordostabhang des Berges Garizim,** das Herz des heiligen Landes, kann hier in Frage kommen.

Abraham war von Charân aus erst bis Sichem gezogen, zur ragenden Terebinthe, woselbst er einen Altar erbaute nach der Erscheinung des Herrn (1. Mos. 12, 6).

Als Jakob aus Mesopotamien zurückkehrte, erkaufte er sich bei Salem, einem Dorfe östlich von Sichem (später Sichar genannt, Joh. 4, 5; vergl. das heutige Dorf Askar am Fusse des Hebal) am Nordostabhange des Berges Garizim ein ausgedehntes Landgut, um daselbst zu wohnen und einen Altar zu errichten. (1. Mos. 33, 20).

Auf diesem Gelände, welches später Eigentum und Grabstätte seines Sohnes Joseph geworden, hat Jakob aus der Felswand sich einen Brunnen ausgehauen und gegraben (Joh. 4, 6), den berühmten Jakobsbrunnen (siehe unten).

Wenngleich die drei grossen Patriarchen meist im Süden des Landes wohnten, in Chebrôn, Beêr-Shĕbagh und Gerâr, so scheint doch aus der hl. Schrift hervorzugehen dass sie für ihre Herden und Leute freien Durchzug fanden und nahmen **durch das ganze gelobte Land,** zumal ihnen Sichem, Bethêl und Bethlehem-Ephrathah geheiligte Orte waren.

So sandte Vater Jakob seinen Sohn Joseph vom Thale Chebrôn aus nach Sichem, um nach den Brüdern und den Herden zu sehen. Sie weideten aber noch stundenweit nördlicher, nämlich bei Dothain (Doppel-Cisterne). Hier ward der Liebling des Vaters erst in die Grube geworfen (noch heute Grube Josephs genannt), alsdann aber an die madianitische Karawane verkauft, welche aus Damaskus über Beth-Sheân (Skythopolis) an Dothain vorbei nach der Ebene Jisreghĕl gezogen kam (1. Mos. 37, 28).

Dass aber gerade Vater Jizchâk (Isaak) dem Lande der Dichtung den Namen gegeben (*Ἴθακος, Ἰθάκη*) kann nur einleuchten aus dem doppelten Grunde, erstens weil er das Centrum des patriarchalischen Triumvirates repräsentiert, und zweitens weil gerade Vater Isaak den Boden Palästina's nie verlassen und weder nach Mesopotamien noch nach Ägypten gezogen war.

Noch weit denkwürdiger anderseits die Thätigkeit Jehoshûagh's am Berge Garizim. Hier im herrlichen Thale Sichem nämlich hat der bewährte Führer nach der Weisung des grossen Meisters (Deuter. 27, 4) sein Volk Gott dem Herrn geweiht und Segen und Fluch verkündet für Treue und Untreue (Jos. 8, 30).

Hier im Thale Sichem bei der ragenden Terebinthe hat vor seinem Hinscheiden der hochbetagte Führer sein

Volk versammelt zum letzten Segen und zum erneuten Gelübde ewiger Treue (Jos. 24, 1).

Nachdem wir somit ersehen, dass das Gelände am Fusse des Berges Garizim für ewige Zeiten geheiligt bleiben musste durch das ruhmreiche Andenken an die drei grossen Patriarchen einerseits und an den bewährten Führer Jehoshûagh anderseits, kehren wir hinwiederum zur Darstellung des Dichters zurück.

Wir hatten unseren Helden und seinen getreuen Diener bereits begleitet vom Landgute bis zum Felsenbrunnen. Der zurückgelegte Weg nämlich hatte die beiden Wanderer von Thimnath Cheres über Farcha, Selfît und Huwâra in einem wirklichen Zickzack (ὁδὸν κάτα παιπαλόεσσαν) bis an den Ostabhang des Berges Garizim geführt.

„Ringsum aber zog sich ein Hain von durstigen Silberpappeln weit in die Runde; es entsprang aber der frische Quell einem Felsen, über welchem ein Altar der Nymphen errichtet war, auf dem jeder Wanderer sein Opfer darbrachte“ (17, 204).

Augenscheinlich ist der Dichter sich bewusst, hier eine ewig denkwürdige Stätte zu schildern, ein Denkmal nationaler Ahnherren und eine Pflanzstätte nationaler Dankbarkeit. Gilt doch heute noch im Orient der Bau und die Errichtung eines monumentalen Brunnens für ein Ereignis des Landes. Von diesem Gesichtspunkte aus mag es nicht schwer fallen, unserer Schilderung der ithakesischen Felsenquelle den historischen Jakobsbrunnen bei Sichem zu Grunde zu legen.

Schon das Attribut τυκτήν (mächtig gefasst, 206) scheint auf einen monumentalen Bau hinzuweisen, wie denn am Brunnen des Patriarchen einzelne Steine von fünf Ellen Länge und zwei Ellen Höhe sich vorfinden.

Auch das Felsgestein mag charakteristisch erscheinen; war doch der Jakobsbrunnen mitten in einem quellenreichen Gebiete (vergl. die durstigen Silberpappeln der Dichtung, 208) bei einer Tiefe von 75 Fuss und einem Durchmesser von 9 Fuss ganz aus dem Felsen gehauen.

Das Opfer des Wanderers am Nymphenaltar mag weniger eine Erinnerung an das Opfer Abrahams und das Gebet Jakobs (1. Mos. 33, 20) darstellen, als vielmehr die Dankbarkeit des Volkes gegen seine Patriarchen, jenes dankbare Gedächtnis, welches nach annähernd zwei Tausend Jahren im Lande noch frisch und rege geblieben, wie solches die Worte des samaritanischen Weibes an Ort und Stelle bekunden: „Numquid tu maior es patre nostre Jakob, **qui dedit nobis puteum,** et ispse ex eo bibit et filii eius et pecora eius (Joh. 4, 12).

Übrigens war auch der Jakobsbrunnen mit einer Steinplatte überdeckt, und nur durch eine entsprechende Öffnung wurde das Wasser geschöpft.

Im vierten Jahrhundert stand über dem Brunnen eine Kreuzkirche, späterhin ein Steingewölbe mit schlichtem Altar.

5. Die Stadt Ithaka.

Übergehen wir die Schmähung und Kränkung, welche der ungetreue Ziegenhirt Melanthios unbewusst seinem Herrn an geheiligter Stätte zugefügt. Odysseus und Eumaios, welche nur sachte dahinschritten, gelangten alsbald vor den königlichen Palast, aus welchem Sang und Saitenspiel herüberdrang (17, 260).

Auch das Erbgrundstück Jakobs mit dem Felsenbrunnen scheint unmittelbar an **die alte Stadt Sichem** gestossen zu haben, welche nach einer Angabe des hl. Hieronymus mindestens einen Kilometer östlich von der späteren Örtlichkeit Naplus (Flavia Neapolis, römische Colonie seit Vespasian) gelegen war.

Nachdem wir also in der eigentlichen **Stadt Ithaka** angelangt sind, suchen wir zunächst einen Überblick nach der Darstellung des Dichters zu gewinnen.

Vor allem ist daran festzuhalten, dass *Ἰθάκη* mitten zwischen zwei Bergesabhängen gelegen ist. Das blätterschüttelnde Gebirge Neriton (9, 22), bestanden mit Wald (13, 351), muss als die bevorzugte Höhe gelten indem der Höhenzug Neion weder 9, 22 noch 13, 351 noch Il. 2, 632 noch Verg. Aen. 3, 270 überhaupt erwähnt wird.

Demnach stelle ich das hervortretende (9, 20) Waldgebirge Neriton neben den historisch denkwürdigen, buschigen, mit fruchtbarer Humus-Schichte überdeckten Berg Garizim, (den heiligen Berg der Samaritaner), obgleich er an Höhe seinem Partner um dreissig Meter nachsteht (890, 920).

Also verlegen wir die Stadt des Dichters an den nördlichen Abhang des Neritongebirges und zugleich an den südlichen Fuss des Höhenzuges Neion; daher *Ἰθάκη ὑπονήιος* (3, 81).

Folgerichtig aber stellen wir weiter das Gebirge Neion neben den biblischen Felsberg Hebal.

Bei der Weihe des auserwählten Volkes nämlich wird vom grünenden Garizim aus der Segen für die Treue, vom kahlen Hebal der Fluch für die Untreue verkündigt (Deuter. 11, 29). Demnach scheint die südliche Abdachung des Hebal unfruchtbar und felsig gewesen zu sein, wie denn heute noch daselbst zahlreiche Reste von Felsengräbern wahrzunehmen sind (vergl. *Ἰθάκη κραναή*, 1, 247).

Dadurch ist es aber nicht ausgeschlossen, dass der eigentliche Höhenzug Hebal nach Nordosten mit Holz bestanden war; denn das Waldgebirge Zalmôn, auf welchem Abimelech, der ruchlose Mörder seiner siebzig Brüder, in aller Eile Baumäste herbeischaffen liess, um tausend Sichemiten, welche sich in den festen Tempel des Bundesbaal geflüchtet hatten, durch Feuer und Rauch dem

Tode zu weihen (Jud. 9, 49), kann nur die unmittelbare nordöstliche Fortsetzung des Felsabhanges Hebal gewesen sein, so dass es uns nicht zu befremden braucht, wenn Homer auch das Gebirge Neion waldreich nennt (1, 186).

Etymologisch wird Ghebâl allerdings gewöhnlich „der Kahle" genannt, doch wird sich gegen die Übersetzung „Breitkopf" sprachlich nicht viel einwenden lassen.

Gleichwie nunmehr die denkwürdige Stadt Sichem eingebettet war in das herrliche Thal zwischen den beiden sich unmittelbar gegenüberstehenden Höhenzügen des Garizim und Hebal, also müssen wir uns Ἰθάκη vorstellen, in der Niederung (χθαμαλή) des Bergesthales gelegen (εἰν ἁλὶ κεῖται 9, 25: vergl. ganz dieselbe Wendung von Ὠγυγίη-Jericho, 7, 244), nach Süden sich anlehnend an die Abdachung des waldreichen Neriton-Gebirges, nach Norden an den Vorsprung des vom Dichter weniger beachteten Höhenzuges Neion.

Solche Ausdrücke, wie εἰν ἁλὶ κεῖται, rechne ich zu den bewusst kryptologischen Wendungen des Dichters (s. Einleitung 3, das mysteriöse Epos).

Übrigens lässt sich mit gutem Rechte die Behauptung aufstellen, das nach hellenischer Anschauung Strand und Land überhaupt im Grunde identisch sind, dass weder ἤπειρος noch χέρσος noch γῆ unserem Begriffe von Continent entsprechen, und dass selbst ἅλς ursprünglich für Strand und Flachland gebraucht worden sein mochte.

Εὐδείελος nennt der Dichter mit Vorliebe die Stadt und das Gelände seines Helden.

Weithinsichtbar können selbstverständlich an sich nur die umrahmenden Höhenzüge genannt werden. Denn selbst die historische Stadt Sichem, welche doch auf der Wasserscheide zwischen der Meeresküste und dem Jordan gelegen war, konnte auf eine solche Bezeichnung keinen Anspruch erheben. Dagegen liegen sprachlich kaum

Hindernisse vor, *εὐδείελος* durch **weithin bekannt und berühmt** (*εὔδηλος*) zu übersetzen, so dass die mehrfach erwähnten Worte Athenens „Von *Ἰθάκη* haben Kunde alle Völker des Westens und Ostens" (13, 240) geradezu als breitere Erklärung des stehenden Attributes „*εὐδείελος*" aufgefasst werden können. „Weithin bekannt und berühmt"! Suchen wir in der ganzen Heldengeschichte des Volkes Israel ein Naturschauspiel, welches grossartiger gewesen als die Weihe des Bundes durch Jehoshûagh im Thale Sichem!

Im Herzen des gelobten Landes zwei weithin sichtbare Höhenzüge, beide amphitheatralisch sich abdachend zur breiten Sohle, mitten im Thale die Lade des Bundes, festlich umgeben von den versammelten Priestern, Leviten, Richtern Heerführern und Ältesten, auf der Felskoppe des Hebal der Brandopferaltar und die neuen Tafeln des Gesetzes, die Abhänge zu beiden Seiten dicht erfüllt von der dankbaren Menge des Volkes, enthoben all der Not und Pein der endlosen Wüstenfahrt, schliesslich unsichtbar schwebend über den Häuptern der Glücklichen der Segen des Himmels und die Morgenröte einer neuen, glorreichen Zukunft.

Jehoshûagh aber, der Repräsentant der frohen Scharen, ruht nunmehr aus von der Mühsal der Jahrzehnte im Frieden des Herrn, gleichwie sein mythischer Doppelgänger Odysseus, im regungslosen Schlummer all seines Jammers enthoben, nach endloser Irrfahrt in den heimatlichen Gefilden angekommen.

Ja, selbst den künftigen Ruhmesglanz der neuen Nation scheint der Dichter angedeutet zu haben, wenn er uns versichert, dass *Ἰθάκη* wackere Söhne erzeuge, als *ἀγαθὴ κουροτρόφος* (9, 27), ein schlichter Zug der Dichtung, so farblos für Thiaki, so prunkvoll für das Erbe Jizchâk's (Ithak-us).

6. Die Umgebung Ithaka's.

„Ringsum aber liegen zahlreiche Inseln ganz nahe beieinander, Dulichion und Same und die waldreiche Zakynthos, abseits gegen Aufgang der Sonne“ (9, 22).

Hierzu fügt die Ilias noch Krokyleia und Aigĭlips (Il. 2, 633).

Nach meiner Auffassung der Odyssee kann hier nur von nennenswerten, in Thalniederungen (*εἰν ἁλὶ κεῖνται*) gelegenen Nachbarstädten Sichem's die Rede sein. Ich werde aber augenscheinlich den Standpunkt der seitherigen Interpretation teilen, wenn ich mit meiner Vermutung über die übrigen Punkte zurückhalte, (zumal es sich gerade bei geographischen Angaben nicht leicht feststellen lässt, inwieweit sie einem späteren lokalen Interesse ihre Aufnahme in die Dichtung verdankten), um mich nur über jenes Gelände zu äussern, über dessen Existenz sich niemals wirkliche Zweifel erhoben haben.

Die waldreiche **Zakynth**-os nämlich stelle ich der israelitischen Stadt **Sukkôth** (Hüttenlager) gegenüber.

Als Jakob aus Mesopotamien zurückkehrte, kam er gegen Sukkôth, südlich vom späteren Skythopolis am Ostabhange des Gebirges Ephraim (daher *ὑλήεσσα Ζάκυνθος*, ein Attribut, welches bekanntlich dem heutigen Eilande Zante nicht zukommt) und zugleich an der Thalniederung des Jordan gelegen, baute daselbst ein Haus und errichtete Hütten und nannte den Namen des Ortes Sukkôth (1. Mos. 33, 17).

Dieser Örtlichkeit gegenüber, welche abseits gegen Aufgang der Sonne gelegen war (9, 26), befand sich das Erbe Jizchâk's (Ithake) ganz zu äusserst gegen Westen. (*πανυπερτάτη πρὸς ζόφον*, 9, 25).

Noch erübrigt die Erklärung der Namensbezeichnung

Κεφαλλῆνες für die Gesamtunterthanen des Odysseus als *Κεφαλλήνων ἄναξ*.

Nach der gewöhnlichen Transkription geben wir die hebräische Namensform des vielerwähnten Berges Hebal nördlich von Sichem durch die Schreibweise „Ghebâl" wieder. Beanspruchen wir nunmehr eine zweifache Lautverschiebung (Khephâl), so mag es unschwer zu verstehen sein, wie die Ghebâlenen als die Umwohner des Berges Ghebâl für das historische Prototyp der homerischen *Κεφαλλῆνες* aufzufassen sind.

7. Die Ermordung der Freier.

Odysseus, der göttliche Dulder, geht schliesslich dem Morde der Freier entgegen, einem allgemeinen Strafgerichte, dessen historisches Prototyp wir merkwürdigerweise gleichfalls im Thale Sichem, der Freistätte für die Totschläger, (Jos. 20, 7) wiederfinden sollen.

Sichem, Fürst der Heviter in der Stadt gleichen Namens, der Sohn jenes Chamôr, von welchem Vater Jakob sein Erbgrundstück sich erkauft hatte, er, der Kanaaniter und Heide, hatte **Dinah**, die Tochter des Patriarchen und des auserwählten Volkes, entweiht und entwürdigt. Die Brüder Simeon und Levi aber, entrüstet über die schändliche Missethat, nahmen ihre Schwerter, gingen ohne Bedenken in die Stadt und **ermordeten alles, was männlich war.** (*καὶ ἀπέκτειναν πᾶν ἀρσενικόν*, 1. Mos. 34, 25). Und die übrigen Söhne Jakobs kamen über die Erschlagenen, plünderten die Stadt aus Rache und nahmen ihre Schafe und Rinder und Esel und verheerten alles, was in den Häusern und auf dem Felde war, und ihre Kinder und Weiber führten sie gefangen hinweg (1. Mos. 34, 27).

„Und der Schrecken Gottes fiel auf alle Städte ringsum, und die Kanaaniter wagten es nicht, Jakob zu verfolgen, welcher gen Bethêl gezogen" (1. Mos. 35, 5).

Noch ehe sie aufgebrochen, hatte der Patriarch alle die fremden Götzenbilder und die heidnischen Ohrenringe bei der ragenden Terebinthe von Sichem vergraben (1. Mos. 35, 4). Diese Eiche hatte eine gewisse Berühmtheit erlangt; denn gerade hier hatte Abraham dem Herrn den Altar erbaut (1. Mos. 12, 7), gerade hierhin hatte später Jehoshûagh vor seinem Hinscheiden das Volk zusammenberufen (Jos. 24, 26). Eine dunkle Kunde von dieser ragenden Terebinthe und den an ihrem Fusse vergrabenen zahlreichen Kostbarkeiten der Sichemiten scheint bei Homer vorzuliegen, wenn die reichen Schätze der Phaeaken am Fusse des Ölbaumes mit langgestreckten Blättern geborgen werden (13, 102.)

Augenscheinlich nunmehr hat dieses unser **Strafgericht**, verwirkt durch die krasseste Rücksichtslosigkeit und Misshandlung der geliebten Patriarchentochter, vollstreckt an sämtlichen Einwohnern der Stadt Sichem, **in Scene gesetzt von den entrüsteten Angehörigen der entwürdigten Frauengestalt**, dem Dichter zum Vorbilde gedient für die Ermordung jener ungezügelten Schar von rücksichtslosen Jünglingen, welche seit Jahren im Palaste des Helden Gewalt und Misshandlung geübt.

Nachdem aber das siegreiche Volk Israel später an derselben Stätte seine Bundesfeier abgehalten, an welcher ehedem die Tochter des Patriarchen entwürdigt worden, mochte die Überlieferung hierin gleichsam ein Werk der ausgleichenden Gerechtigkeit des Himmels erkannt haben. Bei der Möglichkeit eines solchen inneren Causal-Nexus werden wir es um so leichter verstehen, wenn der Dichter das Strafgericht zeitlich verlegte auf die Tage der Heimkehr seines Helden, um dasselbe alsdann überhaupt den Verhältnissen des herrenlosen Fürstensitzes anzupassen, eine Freiheit, wie sie jede Dichtung in Anspruch zu nehmen pflegt.

Eine solche Genesis des Freiermordes lässt sich voll und ganz vereinbaren mit dem Hauptgrundsatze für die Erklärung des Epos, dass jeder Zug der Dichtung nach historischer Vorlage gezeichnet und dass keine Episode Homers rein phantastisch ersonnen ist, was des Fürsten unter den epischen Dichtern aller Zeiten ganz und gar unwürdig wäre.

8. Der treue Argos.

Noch fehlt uns der treue Argos und seine geschichtliche Basis; doch fügen wir vorher eine kurze Aussprache über die Behandlung der Sagenkunde überhaupt ein. Es bedarf nämlich die sog. mythologische Frage weit weniger der Verstandesschärfe zu ihrer Lösung als vielmehr eines gewissen Grades von psychologischer Begabung.

Leider sind seit Jahren die blendenden Fittiche der berückenden Allegorie in Gelehrtenkreisen hochmodern geworden. *Indess wird der Kampf der Mythologen endgültig nie und nimmermehr im veränderlichen Nebelmeer einer unkontrollierbaren Metaphysik, sondern nur auf historischem Grund und Boden ausgefochten werden* und zwar ausschliesslich durch ein liebevolles, unverdrossenes Eingehen auf die Empfindungsweise des Volkes.

Ein mehr oder weniger fein entwickelter sittlicher Rechtssinn als νόμος ἄγραφος einerseits, ein unzerstörbares Bewusstsein menschlicher Hinfälligkeit und Abhängigkeit anderseits beherrschen und regulieren die Thätigkeit des Völkergeistes.

Daher Liebe und Hass bei Recht und Unrecht, daher blinde Hingabe und blinder Glaube gegenüber der höheren Macht. Und gerade dem blinden Glauben pflegt die unentwickelte Seele des Volkes so gerne den Verstand zu opfern; daher bei allen Völkern die zahlreichen missverstandenen und widersinnigen Überlieferungen, zu welchen eben die Sage vom **treuen Argos** zu rechnen ist.

Die unvergleichlichen Verdienste von Josua und Kaleb werden besonders rühmlich anerkannt im Buche Jesu Sirach.

Als Helden im Streite und sehr grosse Helfer der Auserwählten Gottes werden beide gepriesen, da sie dem Feinde Widerstand geleistet, das Volk von Sünden abgehalten und das boshafte Murren gestillt haben.

Darum wurden beide unter sechsmalhunderttausend allein in der Gefahr erhalten, damit sie ihr Volk in das Erbe einführten, in das Land, welches von Milch und Honig fliesst (Kap. 46).

Nebenbei bemerkt, repräsentieren die genannten Sechsmalhunderttausend, welche Gott der Herr mit der Pest geschlagen und vertilgt hat (4. Mos. 14, 12), nachdem sie durch Lästerung und Unglauben das Anrecht verwirkt, im gelobten Heimatlande anzukommen, jene sämtlichen Genossen des Odysseus, welchen ihr Führer die Heimkehr nicht zu gewinnen vermochte (1, 5), da sie durch Frevel und Unglauben den Groll des höchsten Gottes auf ihr schuldig Haupt herabgerufen (12, 419).

Ὀλέσας ἄπο πάντας ἑταίρους, lautet der Refrain, sobald von der Heimkehr des Helden die Rede ist; den schlichten Worten aber, welche prophetisch das ganze Epos durchziehen, und welche wir so leicht mit in den Kauf zu nehmen pflegen, liegt ein historisches Gottesgericht von elementarer Wirkung und Ausdehnung zu Grunde.

Wer weiss, wie viele Hunderte von solchen stereotypen Wendungen in unserem Epos sich noch vorfinden, deren tiefgehende geschichtliche Bedeutung uns bislang verborgen geblieben!

Doch kehren wir zurück zu Josua und Kaleb! Eine vorurteilsfreiere Zukunft wird meine Behauptung anerkennen, dass das Andenken an die beiden Führer des auserwählten Volkes die Sagenwelt des Mittelländischen Meeres auf Jahrhunderte beherrscht hat. Insbesondere scheint die Rüstigkeit Kalebs im hohen Lebensalter die Bewunderung der Mitwelt erregt zu haben. „Usque in senectutem permansit illi virtus (Eclus. 46, 11), fortitudo tam ad bellandum quam ad gradiendum (Jos. 14, 11).

Und wirklich begegnet uns **der rüstige Wüstenfahrer** in der griechischen Mythologie unter den verschiedensten Gestalten und Bezeichnungen. Nausithoos, Argonautes, Peirithoos und selbst Eumaios (μέμαα) bedeuten nichts anderes als den Schnellfahrer, gleichwie Argos Panoptes den schnellen Kundschafter (s. Peirithoos), dessen Auge nichts entgeht.

Anderseits mochte es den Hellenen nicht entgangen sein, dass das Substantiv Kâleb in der hebräischen Sprache die Bedeutung Hund hat. Auf Grund dieser Übersetzung und gemäss der erwähnten blinden Opferung des Verstandes gegenüber der gegebenen Thatsache hat sich augenscheinlich die Überlieferung vom rüstigen Kâleb umgestaltet zur Sage vom Hunde Argos für den boeotischen Jäger Orion, für den thebanischen Jäger Aktaion, für die arkadische Jägerin Atalante, für die phönikische Königstochter Europe aus Tyrus, für die argivische Königstochter Jo und für die unglückliche Helena, da sie dem Verführer sich angeschlossen.

Aus der gleichen Quelle stammt die Sage vom Hunde Lailaps für den Jäger Kephalos aus Attika, sowie vermutlich die Sage vom Grabe des Hundes (κυνὸς σῆμα) an den Landspitzen des thrakischen Chersoneses und Kariens.

Die Halbbürger und Kyniker, welche im Κυνόσαργες zu Athen Geist und Körper schulten, mochten sich wohl kaum bewusst geworden sein, dass ihr Gymnasium den Namen des rüstigen Wüstenfahrers getragen, so wenig als wir beim Aufblicke zum herrlichen Sirius das Andenken des grossen Israeliten zu erneuern pflegen, für welchen das Sprichwort „Per ardua ad astra“ buchstäblich in Erfüllung gegangen.

Welch schwerwiegende Bedeutung vollends der Hund Argos (gleich dem getreuen Eumaios) für unseren Helden Odysseus hat, braucht kaum hervorgehoben zu werden. Die historisch-notorische Freundschaft zwischen Josua und Kaleb, deren mythisches Spiegelbild wir in dem Bunde des Theseus und Peirithoos, sowie in der Einigkeit des Achilleus und Patroklos wiederfinden, jene echte Freundestreue, welche standhält, bis das Auge bricht, hat der Dichter in rührender Weise zur Darstellung gebracht.

Die letzte Spur von Körperkraft wendet der getreue Argos noch auf, seinem Herrn ein Zeichen des Dankes zu geben, — ehe der Schatten des Todes auf sein Haupt herniedersinkt.

Somit ersehen wir hinwiederum, dass selbst diese anscheinend geringfügige Episode vom getreuen Hunde Argos nicht frei vom Dichter ersonnen, sondern nach historischer Vorlage gezeichnet ist.

9. Zusammenstellung der Lichtpunkte.

a. Örtlichkeiten. Die Phorkysbucht (Jaffa), die Nymphengrotte (heilige Nysa), der Korax-Felsen, der Felsenbrunnen, Ithaka's Gelände, Klima und Produkte, die Höhenzüge Neriton und Neion, die Thalsohle der Stadt, Zakynthos.

b. Persönlichkeiten. Pterelaos mit dem goldenen Haar, der Stammvater Ithakos, Polyktor und seine Habe, die wackeren Söhne Ithaka's, die ermordete Männerschar, die Kephallenen, der ergebene Eumaios, der getreue Argos.

10. Abschluss.

Für die begangene Untreue hatte Gott der Herr dem sterbenden König Salomon (930) das Reich aus der Hand entrissen und zehn Stämme dem Jeroboam anheimgegeben (3. Kön. 11, 31). Jeroboam aber baute Sichem auf dem Gebirge Ephraim und wohnte daselbst (3. Kön. 12, 25). So war die Thalsohle zwischen Garizim und Hebal neu befestigt, angelegt, bebaut und zur Residenz der israelitischen Könige ausersehen worden, weshalb in der Folgezeit das kleine Reich Juda dem Auslande gegenüber vollständig in den Hintergrund getreten sein mochte.

Eine willkommenere Örtlichkeit als Concentrationspunkt für die ganze Heldengeschichte des auserwählten Volkes, als gemeinsame Urstatt der Patriarchen, Richter und Könige konnte sich daher einem Dichter jenes Zeitalters gar nicht bieten, als gerade **die Stadt Sichem**, bei welcher die grossen Patriarchen Wohnung genommen, der getreue Jehoshûagh den neuen Bund begründet (Richterzeit), und über welcher nunmehr vollends die neue Königskrone Israels schwebte.

Anderseits hat Homer der glorreichen Regierung Salomons, umgeben vom Nimbus überirdischer Herrlichkeit, in der phaenomenalen Darstellung des wunderbaren Phaeakenvolkes zur Genüge Rechnung getragen.

Über der ganzen Dichtung aber schweben die erstandenen Mühsale der endlosen Wüstenfahrt, sowie die Wunderberichte über den Sturz Jericho's, jener herrlichen Stadt, welcher die Episode über die Kundschafter bei der Wirtin Rachab gewidmet ist.

Die gewichtige Frage freilich, auf welche Weise und zu welcher Zeit die Translokation der geheimnisvoll gezeichneten ausländischen Örtlichkeiten in den Bereich der Heimat vor sich gegangen (Jericho-Troja, Gilgal-Ogygia, Sichem-Ithaka, Tyrus-Kerkyra, Sukkôth-Zakynthos) insbesondere inwieweit einerseits eine Umgestaltung und Verlegung der Überlieferung vor Abfassung des homerischen Epos massgebend geworden, und inwieweit anderseits lokale Interessen in leicht erklärlicher Weise auf die Textumgestaltung eines ursprünglichen bündigeren Epos eingewirkt haben, repräsentiert ein Problem, dessen endgültige Lösung allerdings auf kaum zu überwindende Schwierigkeiten stossen wird.

Schlussfrage: Welche Methode bekundet eine höhere poetische Auffassung, dem Fürsten aller Dichter eitle Kindermärchen in die Schuhe zu schieben, oder aber den Nachweis zu versuchen, dass in den homerischen Epen historische Ruhmesthaten mit meisterhaften Zügen in geheimnisvoller Sprache dem Andenken aller Zeiten überliefert worden?

Wohl bin ich mir voll und ganz bewusst, dass für eine solche Auffassung unseres Dichters **noch nicht die Fussbreite Bodens erstritten** ist; doch keine Kritik wird mir die felsenfeste Überzeugung untergraben, dass meinen Ideen, deren Entwicklung die Geschlechter der Gegenwart für hinreichend wissenschaftlich nicht zu erachten vermögen, eine vorurteilsfreiere Zukunft sich geneigt erweisen wird.

Zeitfracht Medien GmbH
Ferdinand-Jühlke-Straße 7
99095 Erfurt, Deutschland
produktsicherheit@kolibri360.de